# SOFORTHELFER KÜBELPFLANZEN

TANJA RATSCH

KOSMOS

# KÜBELPFLANZEN AUF EINEN BLICK

↗ *SEITE 88*

*(Laurus)*
# Lorbeer

- **Lorbeer** in allen Variationen, pflegen, gießen, schneiden und Probleme (ab Seite 90)

↗ *SEITE 96*

*(Argyranthemum & Co)*
# Hochstämmchen

- **Hochstämmchen** in allen Variationen pflegen, gießen, selber ziehen, schneiden und Probleme (ab Seite 98)
- **Prinzessinnenblume, Strauch-Margerite, Fuchsie, Enzianstrauch, Vanilleblume und Gewürzrinde** (ab Seite 104)

↗ *SEITE 106*

*(Passiflora & Co)*
# Kletterpflanzen

- **Kletter- und Schlingpflanzen** in allen Variationen pflegen, gießen, selber ziehen, schneiden und Probleme (ab Seite 108)
- **Passionsblume, Bleiwurz, Jasmin, Laubenwein, Sternjasmin und Wein** (ab Seite 108)

↗ *SEITE 116*

*(Trachycarpus & Co)*
# Palmen

- Palmen in allen Variationen pflegen, gießen, und Probleme (ab Seite 118)
- **Hanfpalme, Zwergpalme, Dattelpalme, Petticoatpalme, Palmfarn und Yucca**ʻ (ab Seite 118)

# WAS FINDE ICH WO?

KOSMOS
SOFORTHELFER
SCHNELLE ANTWORTEN
AUF EINEN BLICK

BASICS

# PFLANZENPFLEGE IST NICHT SCHWER

*BASICS*

KÜBELPFLANZEN STAMMEN AUS ALLER WELT UND HABEN ALS „EXOTEN" DEN RUF, „KOMPLIZIERT UND ANSPRUCHSVOLL ZU SEIN" ODER „NICHT LANGE ZU ÜBERLEBEN". DIE FOLGENDEN KAPITEL ZEIGEN IHNEN, DASS DIE PFLEGE DIESER WELTENBUMMLER NICHT MEHR WISSEN ABVERLANGT ALS DIE PFLEGE VON GARTENPFLANZEN ODER BALKONBLUMEN. WER EINMAL ERKANNT HAT, WIE PFLANZEN „TICKEN", KANN DIE WÜNSCHE UND ANSPRÜCHE IM HANDUMDREHEN AUF VIELE ANDERE ARTEN UND INDIVIDUEN ÜBERTRAGEN.

## AM GIESSEN ERKENNT MAN DEN GÄRTNER

Probleme bei der Pflege von Kübelpflanzen hängen in 80 – 90 % der Fälle mit dem Gießen zusammen. Düngermangel, Lichtmangel oder Kälteschäden treten viel seltener auf als die falsche Einschätzung des Wasserbedarfs. Kübelpflanzen, die im Freien oder im Wintergarten stehen, im Frühling und Sommer ein Mal pro Woche zu gießen, ist definitiv zu wenig! Auch zwei oder drei Mal pro Woche genügen nicht! Im Sommer sind bei schönem Wetter tägliche und reichhaltige Wassergaben nötig, bei schlechtem Wetter vielleicht nur jeden zweiten Tag. Aber auch dann sollten Sie die Erdfeuchte am Tag dazwischen kritisch prüfen, denn meistens reichen Regenschauer nicht aus, die Töpfe ausreichend und durchdringend zu durchfeuchten.

## DER „GRÜNE DAUMEN"

Anders als Gartenpflanzen sind Topfpflanzen ihr ganzes Leben darauf angewiesen, was Sie ihnen geben. Selbständig können sie weder Wasser noch Nährstoffe erschließen. Deshalb ist das A und O einer guten Pflege die Kontinuität. Nur eine regelmäßige, möglichst gleichmäßige Versorgung führt zu gesunden Pflanzen. Nehmen Sie sich die Zeit, die Charakteristika jedes Individuums kennenzulernen: kleine Töpfe muss man häufiger gießen, große Gefäße seltener umtopfen, Jungpflanzen häufiger schneiden als alte Exemplare. Durch Beobachtung und stete Überprüfung Ihrer Pflege wachsen Sie mit Ihren Schützlingen zusammen wie mit einem guten Freund, dessen Eigenarten Sie in- und auswändig kennen. Diese Vertrautheit ist das Geheimnis des viel gerühmten „grünen Daumens".

## RICHTIG GIESSEN
### IM SOMMER

- Ab Winterende <u>steigt der Wasser-</u><u>bedarf</u> der Kübelpflanzen rapide an. Erhöhen Sie die Gaben entsprechend von wenigen Malen pro Woche auf bis zu ein Mal täglich.
- Dosieren Sie die Wassergaben stets so, dass <u>die Erde bis zum Grund des Topfes durchfeuchtet</u> wird. Wichtig: Rinnt Wasser zu den Topflöchern, ist das noch lange KEIN Kriterium für eine gute Durchfeuchtung!

## RICHTIG GIESSEN
### IM WINTER

- Im Winterquartier ereignen sich Trockenschäden ebenso leicht wie im Sommer, da man seltener nach seinen Kübelpflanzen schaut. Umgehen Sie diese Gefahr, indem sie <u>alle 2 – 3 Tage</u> nach dem Rechten sehen, um bei Bedarf gießen zu können.
- Wurzeln brauchen nicht nur Wasser, sondern auch Sauerstoff, sonst faulen sie. Wichtig: Lassen Sie die <u>Erde zwischen den Gieß-</u><u>gaben leicht abtrocknen,</u> aber nicht austrocknen!

## WELCHES
### WASSER IST GEEIGNET?

**Leitungswasser**

- Kalkhaltig
- Während der Wintermonate verwendbar
- Nicht im Sommer einsetzen
- Nicht eiskalt oder heiß verwenden, sondern ca. 20 °C warm
- In der Kanne oder in einem Wasserfass <u>aufwärmen</u> lassen

**Regenwasser**

- Kalkarm
- Beste Qualität für die Pflege von Kübelpflanzen
- Kostenlos

**KOSMOS**

# SOFORTHELFER

Gießt man Tee- oder Kaffeereste an die Pflanzen, sind diese in Maßen nicht schädlich, der Nutzen ist jedoch gering, da der Gehalt an organischen Stoffen minimal ist. Von zucker- oder alkoholhaltigen Getränkeresten ist als „Gießzusatz" abzuraten. Wasserfilter, wie sie im Haushalt zum Entkalken von Tee- oder Kaffewasser verwendet werden, helfen dagegen, Ihr Leitungswasser zu verbessern.

## Düngelösung

- Flüssigdünger und Düngepulver nur in Wasser verdünnt einsetzen.
- Düngelösung in der Wachstumszeit ein Mal pro Woche geben.
- Düngelösung sofort verwenden, sonst setzen sich Düngersalze ab, dann vorher kräftig durchrühren oder schütteln.

## Teichwasser

- Teichwasser ist bestes Gießwasser
- Enthält geringe Mengen Nährstoffe
- Ist mit Schwebstoffen versetzt, die Filter zusetzen können: Die Gießbrause etc. regelmäßig reinigen

# BEWÄSSERUNG UND SCHNITT

## WANN
### GIESST MAN AM BESTEN?

- In den <u>kühlen Morgen- und Abendstunden</u> können Pflanzen <u>mehr Wasser aufnehmen</u> und es <u>verdunstet weniger ungenutzt</u> als tagsüber.
- Wenn Pflanzen jedoch bereits zur Mittagszeit oder am Nachmittag Wassermangel zeigen (schlaffe Blätter), unbedingt gießen und <u>nicht bis zum Abend warten;</u> ein <u>Überbrausen der Kronen</u> kühlt die Pflanzen, ohne dass Sie Angst vor Brandflecken haben müssen.

## WAS
### IST BEIM SCHNEIDEN WICHTIG?

- Damit glatte Schnitte entstehen, die den Zweig nicht quetschen, sind <u>gut geschärfte Klingen</u> notwendig; wichtig: Scheren ein bis zwei Mal im Jahr schärfen.
- Da bei jedem Schnitt Pflanzensäfte auf den Klingen haften bleiben, können pflanzenschädliche Bakterien, Viren oder Pilzsporen übertragen werden.
- Wichtig: Klingen in regelmäßigen Abständen <u>gründlich reinigen</u>

## WAS
### BRAUCHE ICH ZUM GIESSEN?

**Tropfschlauch**
- Nur hochwertige Fabrikate arbeiten zuverlässig.
- kalkarmes Zuwasser: <u>Kalk setzt Ausgänge</u> zu.
- Regelmäßig reinigen.
- Anzahl an Tropfern pro Pflanze regelmäßig anpassen, ebenso die <u>Laufzeit überprüfen</u> (der Bedarf wechselt mit den Jahreszeiten sehr stark).

**Brause**
- Brausen mit mittelmäßigem Durchlass wählen.
- Ein scharfer Wasserstrahl spült Erde und Dünger aus.
- Allzu <u>feine Brausen verlängern</u> die <u>Gießzeit</u> unnötig.

**Gießkanne**
- Lange Tüllen erleichtern das Gießen bei mehrreihigen Topfgärten.
- Auf ergonomische Anordnung der Griffe achten.
- Leichte Materialien wie Kunststoff bevorzugen, um das Eigengewicht der Kanne zu begrenzen (Rücken schonend).

# WAS

BRAUCHE ICH ZUM SCHNEIDEN?

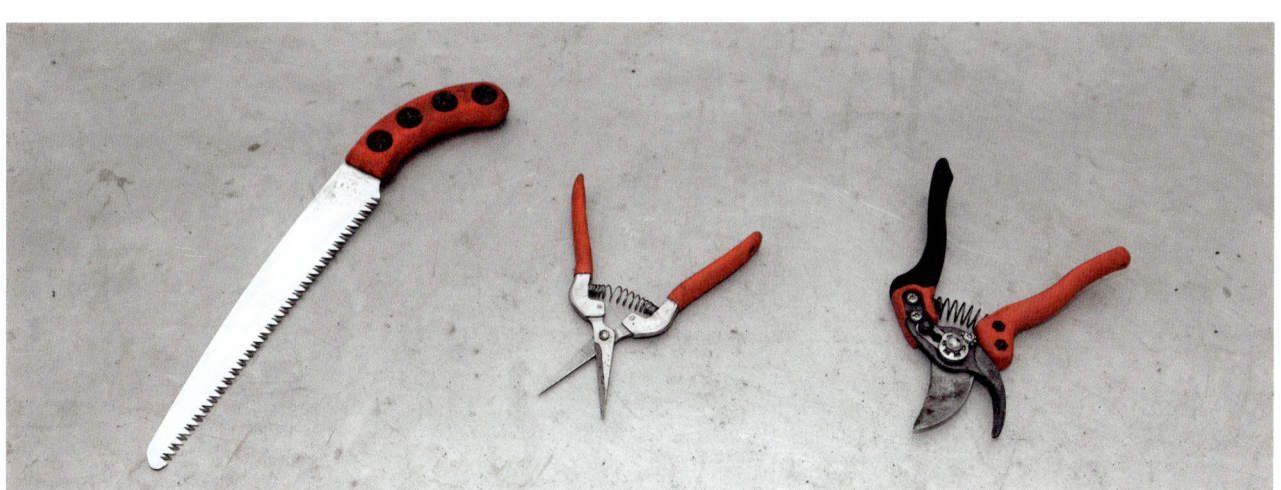

### Ast- Wurzelsäge

- Astsägen kommen beim Stutzen alter Kübelpflanzen mit dicken Zweigen zum Einsatz.
- Verwendet man Astsägen jedoch, um einen Wurzelballen zu teilen oder Wurzeln zu kappen, werden sie sehr schnell stumpf; spezielle Wurzelsägen halten dem Einsatz in Erde dagegen länger stand.

### Blumen- oder Stecklingsschere

- Für dünne Zweige genügen so genannte Blumen- oder Stecklingsscheren mit schmalen Klingen; auch scharfe Haushaltsscheren sind geeignet.
- Mit ihren schmalen Klingen kommt man in dichten Kronen gut zurecht.

### Garten- oder Rosenschere

- Stets gut geschärfte Klingen verwenden.
- Scherentyp ist egal: bei Bypass-Scheren laufen die Klingen aneinander vorbei, bei Amboss-Scheren trifft die Klinge auf eine glatte oder vertiefte, nicht schneidende Metallfläche.
- Immer die schneidende Klinge so ausrichten, dass sie dem verbleibenden Zweig zugewandt ist, ihr Gegenstück zur abzuschneidenden Zweigpartie.

## WIE
### SOLL ICH DÜNGEN?

- „Viel hilft NICHT viel", denn <u>Über-
düngung schädigt</u> die Wurzeln.
Wichtig: Immer an die Dosie-
rungsempfehlung des Herstellers
auf der Packung halten.
- <u>Düngen Sie, solange ihre
Pflanzen wachsen;</u> in der Regel
erstreckt sich die Vegetations-
zeit von März/April bis Oktober/
November, kann aber je nach
Überwinterungsbedingungen
länger (Wintergarten) oder kürzer
(ungeheizte Quartiere) sein.
- <u>Kein Dünger</u> kann, richtig dosiert,
so <u>falsch</u> sein, als dass man ihn
nicht anwenden dürfte, da alle
Dünger im Prinzip die gleichen
chemischen Elemente enthalten,
nur in unterschiedlicher Zusammensetzung. Wenn Sie gerade
nur eine „Zimmerpflanzen-„ oder
„Blumendünger" zur Hand haben,
ist der allemal besser als gar
keiner.
- Alle Pflanzen brauchen die
Hauptnährstoffe Stickstoff, Phos-
phor und Kalium (kurz N, P und
K) sowie Spurenelemente. Eine
Differenzierung in <u>Spezialdünger</u>
möglich, aber <u>nicht zwingend
nötig ist</u> (z. B. „Engelstrompetendünger", „Zitrusdünger")

## WELCHER
### DÜNGER IST DER RICHTIGE?

**Hornmehl**

- Tierisches Abfallprodukt
- Zersetzt sich schneller als
Hornspäne.
- Nicht zum Ausgleich
akuten Nährstoffmangels
geeignet

**Hornspäne**

- Naturprodukt mit
schwankendem Nähr-
stoffgehalt
- Keine exakte Dosierung
moglich
- nur als Basis-/Grund-
dünger verwenden
- Mit exakt zu bemes-
senden, mineralischen
Düngern ergänzen.

**Guano**

- Naturprodukt mit
schwankendem Nähr-
stoffgehalt
- Knapper Rohstoff
- Gewinnung ist aus Natur-
schutzsicht bedenklich,
da Brutkolonien von
Vögeln zerstört werden

### Langzeitdünger

- Bequem: ein (6 M) bis zwei (3 M) Gaben pro Jahr reichen. „6 M" gibt Wirkzeit von sechs Monaten an, „3 M" drei Monate usw.
- Überdüngung ausgeschlossen
- Einfach auf die Topferde streuen.
- Löst sich langsam und bedarfgenau auf.
- Leere Kügelchen (z. B. Harzhüllen) bleiben zurück, die oft mit Schneckeneiern verwechselt werden.

### Düngestäbchen

- Bequem: Einfach in die Erde drücken
- Unsichtbar
- Lösen sich langsam auf.
- Überdüngung ausgeschlossen
- Je nach Wirkungsdauer während der Wachstumszeit erneuern.

### Mineralischer Dünger

- Exakt dosierbar
- Zuverlässig: immer gleiche Nährstoffmenge
- Zum Ausgleich von akutem Düngermangel bestens geeignet.

## WAS
### MACHT EINEN GUTEN TOPF AUS?

- Lassen Sie nicht allein die Optik entscheiden, sondern auch praktische Gesichtspunkte. Wichtig: Jedes Pflanzgefäß und jeder Übertopf muss Abzugslöcher im Boden haben, damit überschüssiges Gieß- oder Regenwasser ablaufen kann.
- Besonders standfest sind Gefäße mit breiter Basis, (Gegenteil: Töpfe, die von oben nach unten schmal zulaufen kippen leicht um). Für mehrjährige Pflanzen keine bauchigen Gefäße verwenden, da sich die Ballen nicht mehr daraus lösen lassen, ohne den Topf oder die Wurzeln zu zerstören.
- Zwei Gefäße sind besser als eins: Wenn Sie ein separates Pflanzgefäß in einen Übertopf stellen, haben Sie mehrere Vorteile: Weniger Gewicht beim Ein- und Ausräumen, da Pflanze und Übertopf einzeln tranportierbar sind. Ein Materialmix aus preiswertem, unattraktivem Pflanzgefäß aus Kunststoff und hochwertigem, dekorativem Übertopf ist möglich. Der Übertopf ist jederzeit austausch- und einzeln lagerbar (z. B. frostgeschützt).

## WELCHES
### MATERIAL IST DAS BESTE?

### Ton- und Terrakotta

- Ton- und Terrakottagefäße genießen hohes Ansehen, da sie aus natürlichen Rohstoffen gefertigt sind.
- Im Sommer trocknet die Erde schneller aus.
- Im Winter führt die Verdunstungskälte schneller zu unterkühlten Wurzeln.
- Bruchgefahr beim Transport oder Windwurf

### Imitate

- Kunststoffgefäße sind heute so gut gemacht, dass sie Materialien aller Art von Terrakotta über Terrazzo bis hin zu Metall imitieren.
- Sie bieten ein sehr ausgeglichenes Klima im Wurzelbereich im Sommer wie im Winter.
- Sehr leicht und frostfest

### Keramik

- Schwere Asia-Terrakotta mit glasierten Wänden ist aus der Mode gekommen.
- Beim Ein- und Ausräumen sehr schwer
- Sie können reißen, wenn Wasser in feinen Rissen in der Glasur friert und sich ausdehnt.

### Kunststoffe

- So schlecht ihr Ruf als „Erdölprodukt" ist, so positiv ist ihre Wertschätzung als Pflanzgefäß.
- Da über die Topfwände kein Wasser verdunstet, ist die <u>Dosierung der Wassergaben viel einfacher als bei Tontöpfen</u>.
- Sie sind <u>bruchfest</u>, rückstandslos zu reinigen und flexibel (drücken/dehnen), sodass sich die Wurzeln beim Umtopfen schadlos lösen.

### Metall

- Übertöpfe aus Edelstahl, rostigem Eisen oder Blech sind „in".
- Sie <u>heizen</u> sich auf sonnigen Terrassen schnell und <u>stark auf</u>: Wurzelschäden können die Folge sein.
- Deshalb metallene Übertöpfe großzügig wählen, damit zwischen Pflanzgefäß und Übertopf eine Luftschicht bleibt.

### Glasierte Keramik

- Vergleichsweise dünnwandig und dadurch bruchgefährdet
- Nicht immer frostfrei
- <u>Preiswert</u>; dadurch öfter austauschbar
- In trendigen Designs erhältlich

# DIE RICHTIGE ERDE

## ERDE
### SELBER MISCHEN?

- Die Pflanzerde ist die „Wohnung" Ihrer Kübelpflanzen und sollte mit größter Sorgfalt ausgewählt werden.
- Erde aus dem Garten ist nicht geeignet, denn sie hat nur in Ausnahmefällen die richtige Zusammensetzung.
- Wer an der Kübelpflanzenerde spart, riskiert das Überleben einer hochwertigen Pflanze: Verwenden Sie keine gebrauchte Erde, da sie Schädlinge und Krankheiten (Pilze, Viren) enthalten kann.
- Gute Kübelpflanzenerde darf nicht ausschließlich aus organischem Material wie Humus (z. B. Torf, Komposterde) bestehen, da diese sich zersetzen und nach Monaten sacken oder sogar regelrechte Löcher in der Erde hinterlassen.
- Eine optimale Mischung für Kübelpflanzen enthält rund 60 % organisches und 40 % mineralisches Material, d. h. „Steinchen" in Form von Lavagestein, Kalksteinbruch, Blähton u. ä., die das Substrat dauerhaft locker (strukturstabil) und belüftet halten.

## WAS
### IST IN DER PFLANZERDE ALLES DRIN?

**Lavagemisch**

- Natürliches Material
- Lavagrus erhält die Struktur und speichert Wasser.
- Hält die Erde locker und voluminös.

**Tongranulate**

- Erhöhen die Speicherfähigkeit der Erde für Wasser und Nährstoffe.
- Je mineralischer ein Substrat ist, umso wichtiger sind Tonmineralien.

**Blähton**

- Hält das Substrat dauerhaft locker und luftdurchlässig.

# WELCHE
## ERDEN GIBT ES?

### Zitruserde

- Zitruspflanzen brauchen eine Erde, die locker auseinanderfällt, wenn man sie in der Faust fest zusammendrückt und dann loslässt.
- Bleibt nach dem Drucktest ein Klumpen zurück, sollten Sie Blähton, Lavagrus o. ä. unter die Erde mischen.
- Leider ist in Säcken mit der Aufschrift „Zitruserde" oft keine solche enthalten, sondern eine Billigerde mit zu hohen Humusanteilen.

### Anzuchterde

- Wer selber Kübelpflanzen vermehren möchte, ist für den Nachwuchs mit Anzuchterde gut beraten.
- Hier ist Humus kein Nachteil, da die Jungpflanzen nur wenige Monate in dem Substrat verbleiben.
- Anzuchterden sind wenig gedüngt, was den empfindlichen Jungpflanzen zugute kommt.

### Kübelpflanzenerde

- Hochwertige Kübelpflanzenerde bewahrt jahrelang ihre guten Eigenschaften.
- Sie sackt nicht zusammen, sondern behält dauerhaft ihr Volumen.
- Sie bleibt auch bei Nässe gut belüftet.
- Sie kostet etwas mehr, was sich aber rechnet, weil die Pflanzen gesund bleiben und damit z. B. Pflanzenschutzmittel eingespart werden und man seltener umtopfen muss.

# ÜBERWINTERN

## WIE
### VIEL LICHT MUSS SEIN?

- Pflanzen brauchen Licht, deshalb sind Winterquartiere ohne jede Lichtquelle tabu. Ist kein Fenster vorhanden sind, helfen Pflanzen-/ Wachstumslampen, die 10 Stunden pro Tag leuchten.
- Die Grundregel ist einfach: Immergrüne Pflanzen brauchen ganzjährig viel Licht; Arten, die im Herbst von Natur aus ihr Laub abwerfen, sind mit wenig Licht zufrieden.

## WELCHE
### TEMPERATUR MUSS SEIN?

- Beim Überwintern gilt: „so kühl wie möglich, so warm wie nötig."; denn ein kühles Winterquartier ermöglicht Ihren Schützlingen, Energie zu sparen und minimiert Schädlingsprobleme.
- Die Minimaltemperatur sollten Sie mit einer Sicherheitsreserve von 2–3 Grad wählen, denn Ihre Pflanzen sollen ja nicht nur überleben, sondern fit und formschön aus dem Winter hervorgehen.

## WO
### STELLE ICH DIE PFLANZEN AM BESTEN AUF?

**Treppenhäuser**

- Sind häufig hell und kühl, aber frostfrei; sie bieten Platz auch für höherwüchsige Pflanzen.

**Kleingewächshäuser**

- Sind sehr hell und das ideale Quartier für größere, immergrüne Kübelpflanzen.

**Frostwächter**

- Mobile, strom-oder gasbetriebene Heizgeräte halten diese Häuser frostfrei.

**Luftpolsterfolie**

- Eine Isolierung mit Luftpolsterfolie hilft, den Energieaufwand zu begrenzen.

**Wohnräume**

- Sind dann geeignet, wenn sie nicht oder wenig beheizt werden (15–18 °C).
- Wichtig: mit jedem Meter Abstand vom Fenster halbiert sich die Lichtmenge, die Ihre Pflanzen erreicht. Deshalb: stets direkt ans Fenster stellen.
- Vorhänge, Jalousien etc. vermeiden.

### Kellerräume

- Ohne große Fenster sind sie nur eine Option für laubabwerfende Kübelpflanzen, die sehr wenig Licht brauchen.
- Sollten die Zweige im Spätwinter verfrüht austreiben, schneidet man die fahlen, langen Triebe weg. Sobald die Pflanzen ins Freie kommen, werden sie einen gesunden, kräftigen, neuen Blattsatz bilden.

### Wintergärten

- Wenig beheizte Wintergärten mit Wärmeschutzglas in Ost-, West- und Südausrichtung sind ideale Quartiere für Kübelpflanzen.
- Sonnenschutzgläser rauben zu viel Licht
- Dauernd über 18 °C beheizte Wintergärten sind nur für Arten geeignet, die keine winterliche Ruhephase brauchen (z. B. tropische Arten).

### Garagen, Geräteschuppen, Lagerhallen

- Bieten gute Stellmöglichkeiten für Arten, die nicht viel Licht brauchen und kurzzeitigen Frost vertragen wenn sie nicht beheizt werden.

# BLÜTEN-PFLANZEN

# WIE AM MITTELMEER _BLÜTENPFLANZEN_

NICHT NUR DAS „BESONDERE", DAS „EXOTISCHE" IST ES, WAS UNZÄHLIGE BALKON- UND TERRASSENBESITZER AN KÜBELPFLANZEN AUS ALLER WELT REIZT. BOUGAINVILLEEN VERKÖRPERN MIT IHRER FARBENINTENSITÄT DEN TRAUM VON „SOMMER, SONNE UND URLAUB", OLEANDER DEN ÜBERFLUSS NICHT ENDENDER BLÜTENFÜLLE, HIBISKUS DIE EXOTIK TROPISCHER BLÜTENSCHÖNHEITEN UND ENGELSTROMPETEN DIE SCHIERE GRÖSSE HERRLICH DUFTENDER BLÜTENPRACHT.

## EINE LEBENSLANGE FREUNDSCHAFT

Mit Kübelpflanzen schließt man einen Bund für viele Jahre. Deshalb sollte man sich von ersten Misserfolgen nicht entmutigen lassen. Selbst wenn Ihnen im ersten Jahr eine Pflanze eingeht, sollte das nicht das Ende einer Freundschaft sein, sondern der Anfang. Bei der nächsten Pflanze klappt es bestimmt besser, da Sie dazulernen. Die folgenden Kapitel begleiten Sie auf diesem Weg und können das eine oder andere Problem sogleich und unkompliziert lösen helfen – ohne dass Sie einen teuren Schützling verlieren.

## PFLEGELEICHTIGKEIT IST KEIN FREIBRIEF

Die Bezeichnung „pflegeleicht" ist eigentlich irreführend. Oleander und Engelstrompeten zählen beispielsweise allerorts zu den „pflegeleichten" Pflanzen, weil sie sehr üppig blühen. Wenig Arbeit machen sie jedoch nicht. Denn beide verlangen viel Dünger, noch mehr Wasser, mehrfachen Rückschnitt pro Jahr und ein Tête-a-tête mit Schädlingen bleibt sicher nicht aus. Doch gewusst wie, sind diese Pflege-Handgriffe, die auf den nächsten Seiten gezeigt werden, keine Last, sondern eine Herausforderung, die Freude macht, wenn Ihre Pflanzen perfekt dastehen, überreich blühen und jedes Jahr noch prächtiger werden.

## FASSEN SIE SICH EIN HERZ

Bei aller Pflege darf man nicht zu vorsichtig sein. Seien Sie mutig. Es macht überhaupt nichts, wenn der erste, kräftige Rückschnitt Ihres Oleanders missglückt oder die Hibiskusblätter rieseln, weil Sie den Wasserbedarf in diesem Sommer noch nicht richtig eingeschätzt haben. Pflanzen sind zäh, viel zäher als Sie ahnen. Sie haben einen erstaunlichen Überlebenswillen und werden neue Blätter und Blüten treiben, solange auch nur ein Quäntchen Energie in ihnen steckt. Deshalb lautet das Motto: Nie aufgeben. Geben Sie Ihren Pflanzen immer eine Chance, sich zu erholen. Sie werden sehen, wie viele, von der Bougainvillee bis zur Engelstrompete, mit der richtigen Pflege zu neuem Glanz und ungeahnter Schönheit heranwachsen werden.

# PFLEGE

## WORAUF
### MUSS ICH ACHTEN?

- Die Blüte, die sich alle vier bis sechs Wochen wiederholt, ist auf <u>vollsonnigen Südterrassen</u> am üppigsten.
- Die <u>Wurzeln lieben Wärme</u>; deshalb ist eine direkte Besonnung der Töpfe kein Problem; Tipp: zum <u>Schutz vor Bodenkälte</u> Tonfüße, flache Steine oder imprägnierte Holzlatten unter die Töpfe legen – die Luftschicht isoliert.
- Bougainvilleen sind von Natur aus Kletterpflanzen, die schlank bleiben und <u>wenig Platz brauchen</u>.

## WAS
### BRAUCHE ICH?

- <u>Langzeitdünger</u> mit drei- oder sechsmonatiger Wirkzeit (nicht länger!) zur <u>Grundversorgung.</u>
- Düngepulver oder Flüssigdünger für blühende Kübelpflanzen als sofort <u>wirksame, wöchentliche</u> Gabe.
- Eine neue, größere, stabile <u>Kletterhilfe</u> aus Holz oder Metall.

## WIE
### VERSORGE ICH BOUGAINVILEEN AM BESTEN?

**Wasserbedarf wechselt mit den Jahreszeiten**

- <u>Im Sommer</u> bei vollem Blatt- und Blütenkleid sind Bougainvilleen <u>sehr durstig;</u> gießen Sie alle ein bis zwei Tage reichlich.
- <u>Im Winter,</u> wenn Bougainvilleen laublos sind, brauchen sie dagegen <u>wenig Wasser.</u> Zu viel davon führt rasch zu Wurzelfäulnis und Triebsterben.

- Werden im Sommer viele Blätter auf einmal <u>gelb</u>, steht die Pflanze zu trocken: Gießen Sie <u>häufiger</u> und/oder bei jedem Gießdurchgang <u>mehr.</u>
- Je dichter Bougainvilleen wachsen, umso weniger Licht dringt bis zu den inneren Blättern durch, die <u>aus Lichtmangel</u> abgeworfen werden: Trockenes auszupfen.

### KOSMOS
## SOFORTHELFER

Die farbigen Hochblätter der Bougainvilleen ändern im Blühverlauf ihre Farbe: am Anfang ist sie am Intensivsten, später verblasst sie zunehmend. So wechseln tiefrote Sorten ihre Palette über Orange bis Rosa, bevor sie wie Pergament eintrocknen. Die eigentlichen Blüten sind hellgelb, klein und unscheinbar, prächtig sind die blütenblattähnlichen Hochblätter.

### Mobile Kletterhilfen

- Bougainvilleen haken sich mit ihren dicht sitzenden Stacheln sehr gut in ein, die eine Maschenweite von 5–10 cm haben.
- Verankern Sie das Spalier im Gefäß selbst, nicht an der Hauswand: so bleibt die Pflanze mobil.
- Die Triebe als Starthilfe mit Pflanzendraht festbinden.

### Empfindliche Wurzeln

- Bougainvilleen haben sehr feine Wurzeln, die leicht abreißen; deshalb vor dem Herausziehen den Ballen mit einem alten Messer sorgfältig vom Topfrand lösen.
- Den neuen Topf nur geringfügig größer (eine Nummer oder 2–4 cm) wählen: Zu große Gefäße führen sehr schnell zu Wurzelproblemen!

# SCHNEIDEN

## WANN
### WIRD GESCHNITTEN?

- <u>Nach jeder Blühphase</u> kürzt man die Enden der Triebe um die Länge der gerade eingetrockneten Blütenstände ein.
- Nach dem Winter können Sie die Triebe stärker einkürzen: auf maximal Handbreitenlänge.
- Der beste Schnittzeitpunkt dafür ist <u>kurz vor dem neuen Austrieb</u> im März oder April.

## WAS
### BRAUCHE ICH DAZU?

- Für das Ausputzen alter Blütenstiele reicht eine <u>feine Schere</u> (Stecklingsschere)
- Um dickere Äste nicht zu quetschen, eine <u>kräftige Gartenscheren</u> verwenden.
- Aus den Schnittresten können Sie versuchen, Stecklinge ziehen. Der Anwachserfolg ist gemischt, da die Wurzeln empfindlich sind.

## WIE
### SCHNEIDE ICH RICHTIG?

**Ausputzen**

- Ein Rückschnitt im Herbst ist riskant; besser ist es, den Winter abwarten und erst <u>im März/April zu schneiden.</u>
- Abgestorbene oder zurückgetrocknete Triebspitzen so weit zurückschneiden, bis Sie auf <u>gesundes Gewebe</u> treffen, erkennbar an der grünen Schicht (Kambium) direkt unter der Rinde.

**Auslichten**

- Zu dicht gewachsene Zweige, die kreuz und quer wachsen, vorsorglich <u>auslichten,</u> um die Kronen licht und gesund zu halten. Dazu zählen auch alte Blütenstiele.
- Da sich zwischen eng stehenden Blättern Schädlinge einnisten können, <u>altes Laub</u> laufend <u>auszupfen.</u>

KOSMOS

## SOFORTHELFER

Es ist normal, wenn im Frühling noch vor den ersten Blättern Blüten sprießen. Wenn eine Bougainvillee die Blüte dagegen ganz verweigert, kommen folgende Ursachen in Frage: Übertriebene Düngergaben fördern nur das Wachstum, nicht die Blüte. Deshalb: Zwei bis drei Gaben flüssiger Kübelpflanzendünger pro Monat zwischen März und September, genügen.

### Blüten entfernen

- Sobald ein Blütensatz pergamentfarben ist, kappt man die alten Blütenstände.
- Keine Sorge: der Schnitt kostet Sie keine Blüte, im Gegenteil:
- Nach jedem Stutzen treiben Bougainvilleen rasch neue Knospen; schneiden Sie stets knapp oberhalb eines Blattes. Keine „Kleiderhaken" stehen lassen.

### Lenken und leiten

- Bougainvilleen streben als Kletterpflanzen von Natur aus zügig nach oben. Nur ein regelmäßiger Schnitt alle sechs bis acht Wochen in der Wachstumszeit hält ihren Zuwachs im Zaum.
- Nach dem Schnitt lose Enden durchs Spalier stecken oder mit Pflanzendraht fixieren.
- Ein leichter Rückschnitt zu langer Triebe um 20–40 cm ist jederzeit erlaubt.

# PROBLEME

## WO
### IST DAS BESTE WINTERQUARTIER?

- Geeignet ist jeder Raum über 12 °C mit einem Fenster (für Bougainvillea glabra genügen ab +3 °C).
- Moderat beheizte Wohnräume (unter +15 °C) sind ebenso geeignet, um die kahlen Pflanzen zu beherbergen.
- Eine Pflanzenlampe ist unnötig, da das Laub ohnehin abgeworfen wird.

## WAS
### BRAUCHE ICH?

- Aktuell zugelassene Pflanzenschutzmittel gegen Blattläuse, z. B. Naturen, Spruzit, Calypso, Provado, Bi 58. Der Fachhandel bietet sanftere und stärkere Mittel an und berät Sie umfassend.
- Pflanzenschutzmittel gegen Schild- und Wollläuse; Pflanzenschutzstäbchen wirken in den Sommermonaten sehr gut, wenn die Pflanzen aktiv wachsen. In den Wintermonaten kann es jedoch sein, dass die Wirkstoffe nicht gleichmäßig in der Pflanze verteilt werden und in ihrer Effizienz nachlassen.

## WELCHE
### PROBLEME TRETEN AUF?

**Staunässe vermeiden**

- Wenn die Erde im Winter zwischen den Wassergaben nicht abtrocknen kann, faulen die Wurzeln aus Sauerstoffmangel.
- Alle 2–7 Tage gießen, die die Erde nicht austrocknen lassen, aber auch nicht vernässen.
- Topffüsse verhindern Staunässe. Nicht in Untersetzer oder Übertöpfe stellen.

**Blattläuse**

- An den jungen Bougainvileenblättern finden sich im Frühjahr Blattläuse unterschiedlicher Arten ein. Die Folge sind verkrüppelte Blätter. Abhilfe:
- Insektizide oder eine Behandlung mit einer Spiritus-Schmierseifen-Lösung, einem bewährten Hausmittel: je 20 ml Spiritus und Schmierseife in 1 l Wasser).

*KOSMOS*

## SOFORTHELFER

Wenn Bougainvilleen nicht über den Winter kommen, ist entweder Kälte Schuld oder falsches Gießen. Die Wurzeln brauchen eine Mindesttemperatur von 12 °C und die Erde sollte weder austrocknen, noch ständig nass sein. Kein Problem ist Blattfall, im Gegenteil: Er hilft Ihren Schützlingen, Energie zu sparen, um im Frühling frisch auszutreiben.

### Schildläuse

- Im Winter können Schildläuse aller Art von der flachen, braunen Deckel-Schildlaus bis zur weißen Wolllaus auftreten, versteckt oder an die Rinde geschmiegt.
- Ölhaltige Spritzmittel, die länger als zwei Wochen auf den Pflanzen verbleiben (nicht abduschen!) ersticken die Tiere; die leeren Hüllen sitzen sehr fest: Abreiben!

### Raupen

- Im Sommer können Falterraupen auftreten, die deutliche Fraßspuren und eingerollte Blätter hinterlassen.
- Die einfachste und effektivste Methode ist das Absammeln der Raupen oder Puppen oder ein Spritzmittel aus dem Gartenfachhandel, z. B. Raupenfrei, Ultima, Spruzit.

# DIE SCHÖNSTEN SORTEN

## Sanderiana
*(Bougainvillea glabra)*

**Besonderheiten**
- Robusteste Sorte
- Sehr blütenreich

**Vorlieben**
- Im Sommer vollsonnig
- Im Winter genügen +3 bis +12 °C: höhere Kältetoleranz

**Probleme**
- Der dichte Wuchs und die Belaubung erlauben es Schädlingsherden, sich lange zu verstecken: Häufig kontrollieren.

## Barbara Karst
*(Bougainvillea-Hybride)*

**Besonderheiten**
- Sehr große Hochblätter
- Intensive Färbung von Rot über Orange zu Rosa

**Vorlieben**
- Volle Sonne im Sommer
- +8 bis +15 °C im Winter

**Probleme**
- Starkes Längenwachstum durch Schnitt nach jedem Blütenschub drosseln.

## Gefüllte Sorten
*(Bougainvillea-Hybride)*

**Besonderheiten**
- Ausgefallene Blütenform

**Vorlieben**
- Im Sommer windgeschützt und warm (Hauswandnähe)
- +8 bis +15 °C im Winter

**Probleme**
- Sehr langsames Wurzelwachstum:
- Dadurch besonders empfindlich gegen Staunässe und Fäulnis.

## Aurantiaca
*(Bougainvillea-Hybride)*

**Besonderheiten**
- Bereichert das Farbspektrum jeder Bougainvilleensammlung
- Moderates Wachstum

**Vorlieben**
- Volle Sonne im Sommer
- +8 bis +15 °C im Winter

**Probleme**
- Wenig. Wächst nicht zu schnell, blüht reich und wiederholt.

## Variegata
*(Bougainvillea-Hybride)*

**Besonderheiten**
- Weiß-gelb-grünes Laub
- Attraktive Blüte

**Vorlieben**
- Vollsonnig, aber rundum belüftet (ohne Hitzestau)

**Probleme**
- Wächst schwächer als grünblättrige Sorten (geringerer Chlorophyll-Anteil).
- Nässe im Winter führt zu Wurzelproblemen.

## Jamaica White
*(Bougainvillea-Hybride)*

**Besonderheiten**
- Edle, „reine" Blüten
- Wie bei allen Bougaivilleen dauert jede Blühphase ca. vier Wochen und wiederholt sich alle vier bis sechs Wochen.

**Vorlieben**
- Je sonniger der Standort im Sommer, umso reicher die Blüte.

**Probleme**
- Im Winter können wie bei allen Sorten Schild-/Wollläuse auftreten.

## WORAUF
### MUSS ICH ACHTEN?

- Hibiskus werden ganzjährig ange-boten, da sie auch als Zimmer-pflanzen geeignet sind. Allerdings fällt die natürliche Blütezeit in die Sommermonate. In diesen Rhyth-mus kehrt jeder Hibiskus zurück, den Sie mehrere Jahre haben.
- An Frosttagen gilt es, beim Transport im Auto aufzupassen: Gefahr von Kälteschäden! Packen Sie Hibiskus gut ein, z. B. in Zeitungspapier oder einen Karton und fahren Sie auf direktem Weg bei laufender Autoheizung nach Hause.

## WAS
### BRAUCHE ICH?

- frische, hochwertige Kübel- oder Zimmerpflanzenerde
- mehrere mittelgroße, neue Töpfe
- Regen- oder Sonnenschirm zum Schattieren
- mehrere Untersetzer, die das Gießen erleichtern

## WIE
### VERSORGE ICH HIBISKUS AM BESTEN?

**Trennen**

- Häufig werden mehrere, kleine Hibiskus in einem Topf zusammengesetzt, die in starker Konkurrenz zueinander stehen: Auf lange Sicht bleibt nur einer von ihnen übrig.
- Deshalb „Gruppen" sofort nach Erhalt trennen und jeden Hibiskus in ein eigenes Gefäß pflanzen.

**Humus entfernen**

- Hibiskus wird meist in sehr torfreicher Erde verkauft; lösen Sie möglichst viel davon ab, ohne die feinen Wurzeln abzu-reißen
- Anschließend in gute Kübel- oder Zim-merpflanzenerde umsetzen.

KOSMOS
## SOFORTHELFER

Hibiskusknospen öffnen sich nur ein bis drei Tage lang. Dann drehen sie sich kunstvoll ein wie eine Serviette und fallen ab. In dieser kurzen Zeitspanne kann Regen keinen Schaden anrichten und die festen Blütenblätter fleckig färben. Deshalb ist kein Unterschied zwischen Sorten mit dicht gefüllten Blütenkränzen und einfachen, fünfblättrigen Blüten.

### Pflanzentiefe überprüfen

- Viele Hibiskus sind beim Kauf zu tief eingetopft. Wird die Pflanzhöhe nicht korrigiert, besteht die Gefahr, dass die Rinde fault und der Stamm abstirbt.
- Richtig eingetopft sind Kübelpflanzen wie Hibiskus dann, wenn der Übergang vom Stamm zur Wurzel (Wurzelhals) genau mit der Erdoberfläche abschließt

- In Gewächshäusern herangezogen, sind Hibiskus beim Kauf meist nicht an direkte Sonne angepasst.
- Deshalb stellt man sie in der ersten Woche im Freien halbschattig, damit die Blätter keinen Sonnenbrand mit unregelmäßigen, braunen Blattflecken bekommen.

## WARUM
### WIRD GESCHNITTEN?

- Hibiskus bildet seine Blüten nicht nur an den Triebspitzen, sondern in den Blattachseln; selbst ein <u>kräftiger Rückschnitt</u> kostet Sie deshalb keine Blütenpracht.
- Regelmäßiges Stutzen lässt Ihren Hibiskus schön <u>kompakt</u> und reich verzweigt heranwachsen: mit vielen Blattachseln für den Blütenansatz.
- Das Kappen garantiert, dass der Strauch auch nach Jahren <u>nicht zu groß</u> wird.

## WAS
### BRAUCHE ICH?

- Gartenschere mit kräftigen Klingen
- alternativ ein sauberes Messer mit geschärfter Klinge
- Augenmaß, um die Kronen schön rund zu schneiden; am Anfang hilft schrittweises Vorgehen

## WIE
### SCHNEIDE ICH RICHTIG?

**Auslichten**

- Gegen Ende des Winters, kurz vor dem neuen Austrieb, ist Hibiskus bereit für drastische Kürzungen: selbst <u>fingerdicke Zweige</u> treiben nach dem Stutzen willig wieder aus.
- Wichtig: die Rinde nicht quetschen, sondern <u>glatt durchtrennen</u>; deshalb stets scharfe Klingen verwenden.

**In Form halten**

- Sobald die Wirkung der <u>Stauchungsmittel</u> (siehe „Tipp" rechts) <u>nachlässt,</u> verlängern wachsen die Triebe rasch in die Länge.
- Gegensteuern können Sie, indem Sie in der Wachstumszeit alle sechs bis acht Wochen die Triebspitzen <u>um vier bis sechs Blatt kürzen.</u>

**KOSMOS**

**SOFORTHELFER**

Der kompakte Wuchs und der überreiche Blütenansatz handelsüblicher Hibiskus sind die Folge von wachstumsbremsenden Pflanzenhormonen, die Profigärtner anwenden dürfen, Hobbygärtner jedoch nicht. Lässt die Wirkung dieser so genannten Stauchungsmittel nach, wächst Ihr Hibiskus stärker und blüht weniger. So, wie es seiner Natur entspricht.

## Ausputzen

- Das Gros der Blüten fällt von allein zu Boden; sie aufzusammeln, bevor die Kronblätter matschig werden, bewahrt Ihren Boden vor <u>Farbflecken.</u>
- Zurück bleiben die <u>Blütenkelche,</u> die man <u>an ihrem Stielende kappt</u>; das schafft Platz für neue Blütenkospen.
- fallen beim Rückschnitt blütenlose <u>Zweigspitzen</u> an, <u>bewurzeln</u> diese in gleichmäßig feuchter Erde bei 20 °C auf einer Fensterbank sehr zuverlässig; da es sich um genetisch identische Ableger handelt, werden sie die gleiche Blütenfarbe tragen wie die Mutterpflanze.

# PROBLEME

## WORAUF
### MUSS ICH ACHTEN?

- Hibiskus haben zwar große, aber vergleichsweise dünnhäutige Blätter und sind empfindlich gegen Sonnenbrand – umso mehr unter dem Einfluss ölhaltiger Spritzmittel, die sich auf den Oberflächen ablagern.
- Ölhaltige Spritzmittel deshalb nur bei Bewölkung binnen der auf die Behandlung folgenden 7 – 10 Tage anwenden und auch bei nicht-ölhaltigen Produkten Besonnung während der Wirkzeit meiden.

## WAS
### BRAUCHE ICH?

- Spiritus-Schmierseifen-Lösung: je 20 ml Spiritus und flüssige Schmierseife in einem Liter Wasser lösen
- Spritzmittel oder Granulate mit Wirkstoffen wie Dimethoat, Pyrethrinen oder Imidacloprid

## WELCHE
### PROBLEME TRETEN AUF?

**Blattläuse**

- Treten bevorzugt an jungen Blättern und Blütenknospen auf, also im Frühling und Sommer, in der Regel nicht im Winter.
- Statt „Chemie" einzusetzen, kann man die Läuse mit scharfem Wasserstrahl abspritzen; aber: sie krabbeln wieder empor; wirksamer: Spiritus-Schmierseifen-Lösung.

**Weiße Fliege**

- An mit Leim bestrichenen Gelbtafeln bleiben die weißen Mottenschildläuse, wie sie auch heißen, kleben.
- Nicht systemische Spritzmittel wirken nur schwer da die Tiere auffliegen und auf Nachbarpflanzen einen Zwischenstopp bis zur „Wiederbesiedlung" einlegen. Deshalb mehrfache Behandlung nötig.

### Schnecken, Raupen, Käfer & Co

- Bei unregelmäßige Buchten oder größeren Löcher in den Blattflächen handelt es sich um Fraßstellen von Schnecken, Käfern, Raupen oder Heuschrecken.

- Die Tiere lassen sich am umweltschonendsten absammeln; der Fachhandel bietet diverse Granulate als Fraßgift für Schnecken und Spritzmittel gegen Käfer.

### Wurzelfäule durch Staunässe

- Ständig nasse Erde lässt Hibiskuswurzeln faulen: sie verlieren ihre weiße, feste Struktur. In der Folge sterben auch die Zweigspitzen ab.

- Die Erde sollte zwischen den Gießgaben abtrocknen; im Sommer dauert das kaum einen Tag, im Winter mehrere. Passen Sie Ihr Gießverhalten an die Jahreszeit an.

# DIE SCHÖNSTEN ARTEN UND SORTEN

## Hibiskus
*(Hibiscus rosa-sinensis)*

**Besonderheiten**
- Blüht während der gesamten, warmen Jahreszeit.
- Großblütig

**Vorlieben**
- Warmer, geschützter Platz
- Erst ab Juni ins Freie stellen.

**Probleme**
- Anfällig für Weiße Fliege und Blattläuse an Knospen.
- Beim Ausräumen langsam an Sonne gewöhnen.

## Gefüllter Hibiskus
*(Hibiscus rosa-sinensis)*

**Besonderheiten**
- Opulente Blütenform
- Ist in dutzenden Farbvariationen erhältlich.

**Vorlieben**
- Warmer, geschützter Platz
- Erst ab Juni ins Freie stellen
- Ideal sind erhöhte Plätze auf Säulen, Regalen, Emporen ohne Bodenkälte.

**Probleme**
- Weiße Fliege und Blattläuse
- Sonnenbrand

## Korallen-Eibisch
*(Hibiscus schizopetalus)*

**Besonderheiten**
- Exotische Blütenform

**Vorlieben**
- Wärmebedürftig
- Windgeschützt aufstellen
- Nur von Juni bis September ins Freie stellen.

**Probleme**
- Wächst ohne Schnitt langtriebig und wenig verzweigt.
- Blattläuse an den Knospen

## Sumpf-Rosen-Eibisch
*(Hibiscus moscheutos)*

### Besonderheiten
- Handtellergroße Riesenblüten
- Lange Triebe nicht einkürzen: Die Blüte erscheint an den Triebenden.

### Vorlieben
- Windgeschützt
- Lange Triebe stäben; sie können sonst knicken.

### Probleme
- Anfällig für Weiße Fliege
- Normal: Triebe ziehen ab Herbst ein, treiben ab April neu aus.

## Gelber Hibiskus
*(Hibiscus calyphyllus)*

### Besonderheiten
- Ein Beispiel für die Vielzahl schön blühender Wildarten

### Vorlieben
- Warmer, geschützter Platz in Hausnähe
- Ab Juni ins Freie stellen.

### Probleme
- Wächst sparrig
- Regelmäßiger Rückschnitt regt die Verzweigung an.

## Garten-Eibisch
*(Hibiscus syriacus)*

### Besonderheiten
- Frostharte Hibiskus-Art
- Im Topf verminderte Kälte-toleranz: besser ungeheizt in Gebäuden (z. B. Garage) überwintern.
- Späte Blütezeit ab Juli

### Vorlieben
- Im Sommer sonnig, aber nicht heiß

### Probleme
- Blattläuse an den jungen Blättern und Blütenknospen

# PFLEGE

## WORAUF
### MUSS ICH ACHTEN?

- Besonders dicht gewachsene Oleander sind beliebt, aber ein Resultat von hormonellen Stauchungsmitteln, die zu Hause rasch nachlassen.
- Von Natur aus bildet Oleander Blattabstände (Internodien) von 4–6 cm.
- Oleander-Stämmchen sind zwar attraktiv, aber kompliziert zu schneiden. Büsche sind deutlich einfacher zu pflegen.

## WAS
### BRAUCHE ICH?

- neuer Plastiktopf, 5–10 cm größer im Durchmesser als der vorherige
- frische, hochwertige Kübelpflanzenerde
- Langzeitdünger mit sechs Monaten Wirkzeit
- Flüssigdünger oder Düngepulver für Kübelpflanzen (sofort wirksame, mineralische Dünger)
- Gartenschlauch oder große Gießkanne ab 10 l

## WIE
### VERSORGE ICH OLEANDER AM BESTEN?

**Durchdringend gießen**

- Oleander sind sehr durstig; frisch gekauft, sind sie oft ausgetrocknet und brauchen gleich eine kräftige Wassergabe, wenn Sie zu Hause angekommen sind.
- Im Sommer jeden Tag gießen – und das an sonnigen Tagen reichlich. Ein Untersetzer ermöglicht Ihnen eine entspanntere Vorratshaltung für einige Stunden.

**Jährlich umtopfen**

- Da Oleander zügig wächst, ist gleich bei Erhalt ein größerer Topf ratsam.
- Überwinterte Oleander topft man im März in einen größen Topf oder schneidet drei Wurzelkeile („Tortenstücke") aus dem Ballen, setzt sie in die alten Gefäße zurück und füllt die drei Lücken mit frischer Erde auf.

KOSMOS
## SOFORTHELFER

Oleander im Fachhandel kommen im Frühjahr aus südlichen Ländern, in denen das Klima schon ab Januar sonnig und warm ist. Deshalb stehen sie bereits in Blüte. Hierzulande überwinterte Pflanzen haben eine deutlich längere Ruhezeit, ihre Aktivität beginnt erst ab März oder April und bis zur Blütezeit ab Mai oder Juni vergehen einige Wochen mehr.

### Hygiene

- Welke <u>Blüten kleben</u> manchmal zusammen. Man <u>zupft sie aus;</u> aber: Blütenstände nicht zurückschneiden, denn hier bilden sich neue Knospen.
- Immergrüne Pflanzen wie Oleander tauschen das ganze Jahr über Blätter aus; regelmäßiges <u>Aufsammeln</u> beugt Schädlingen/Krankheiten vor.

### Düngen

- Für ihr kräftiges Wachstum brauchen Oleander <u>reichlich Nährstoffe;</u> die Grundversorgung sichert eine Gabe <u>Langzeitdünger im März</u> (Dosierung laut Herstellerangabe).
- <u>Zusätzlich</u> löst man von April bis September einmal <u>pro Woche einen sofort wirksamen Kübelpflanzendünger</u> im Gießwasser und gießt die Erde damit wie gewohnt.

## WANN
### WIRD GESCHNITTEN

- Entweder im Spätsommer (August/Septmeber) oder gegen Winterende (Februar/März).
- Bei den meisten Kübelpflanzen dürfen Sie die Triebspitzen beliebig einkürzen, nicht aber bei Oleander, denn seine Blüten bilden sich nur an älteren Trieben oder: zwei- und mehrjährigen.
- Kappt man alle Zweige von oben her, bringt man sich ein Jahr lang um die Blüte, es sei denn, der Schnitt erfolgt im August. Dann „schafft" es Oleander manchmal noch, bis zum Spätsommer des Folgejahres, neue Blütenstände zu bilden.

## WAS
### BRAUCHE ICH?

- gesäuberte, kräftige Gartenschere
- Desinfektionsmittel
- sauberer Lappen

## WIE
### SCHNEIDET MAN RICHTIG?

**Erhaltungsschnitt**

- Um Oleander klein zu halten, schneidet man jährlich nur ein Drittel der Triebe von oben her zurück. Im Folgejahr stutzt man ein anderes Drittel, im dritten Jahr wiederum, wobei die Zweige gut in der Krone verteilt sein sollten.
- Oleander verträgt selbst radikale Rückschnitt auf 20 cm Restlänge.

**Verjüngungsschnitt**

- Während der Schnitt links dazu dient, Oleander in Form zu halten und nicht zu groß werden zu lassen, erhält der Verjüngungsschnitt die Blühfreudigkeit.
- Dazu nimmt man bei älteren Oleander jedes Jahr ein oder zwei Haupttriebe ganz heraus, indem man sie auf Erdniveau kappt; das schafft Platz für junge Triebe.

**KOSMOS**

## SOFORTHELFER

Kräftige, aber blütenlose Triebspitzen mit drei bis vier Blattwirteln schlagen in Erde oder Wasser sehr zuverlässig Wurzeln. Da sie genetisch identische Abbilder sind, werden sie die gleiche Blütenfarbe und –form wie die Mutterpflanze ausbilden. Tipp: Besser ist die Bewurzelung von Oleander-Stecklingen in Erde anstatt in Wassergläsern, da die Umstellung entfällt.

### Der richtige Ansatz

- Setzen Sie die Schere stets 4–5 mm oberhalb eines Blattwirtels an; schneidet man <u>zu knapp</u> darüber, kann man die <u>Blattansätze (Augen) verletzen</u> und verlieren.
- Schneidet man <u>zu weit</u> darüber, bleiben <u>Zweigreste</u> stehen, die wie „Kleiderhaken" eintrocknen. Richtig geschnitten, verzweigt sich der Trieb – oft mehrfach.

### Vorausschauend handeln

- Schneiden Sie bei verblühtem Oleander <u>NICHT die verästelten</u> Blütenstiele ab; denn sie wachsen im Verlauf des Sommers weiter und bilden neue Blüten
- Um der Verbreitung von <u>Oleanderkrebs</u> vorzubeugen (siehe S. 42) sollten Sie bei allen Schnittmaßnahmen die <u>Schere</u> nach jeder Pflanze abwischen und <u>desinfizieren</u>.

# PROBLEME

## WORAUF
### MUSS ICH ACHTEN?

- Wuchsfreudige, nährstoffreiche Pflanzen wie Oleander sind bei Schädlingen beliebter als „magere Arten". Solange ein Oleander aber vital bleibt, <u>wehrt er Attacken selbstständig ab</u>; erst wenn Pflegefehler sein <u>Immunsystem schwächen</u> (z. B. Trockenheit), wird er anfällig.
- Im Winter hilft ein einfaches Prinzip gegen Schädlinge: Oleander möglichst kühl um den Gefrierpunkt überwintern; die <u>Kälte tötet die Tiere ab</u> und hemmt ihre Vermehrung.

## WAS
### BRAUCHE ICH?

- leistungsfähiges Spritzgerät mit 5 l Inhalt (z. B. Pumpenspritze)
- zugelassene Pflanzenschutzmittel gegen alle Arten von Läusen im Winter mit Wirkstoffen wie Pyrethrinen, Dimethoat oder Acetamiprid; Akarizide gegen Spinnmilben im Sommer mit Wirkstoffen wie Acequinocyl
- Lupe zur Kontrolle von Spinnmilben
- Schwamm oder alte Zahnbürste

## WELCHE
### PROBLEME TRETEN AUF?

**Spinnmilben**

- Sie sind winzig klein, weiß oder rot und sitzen anfänglich auf den Blattunterseiten und in den -achseln, dann weben sie feine Netze; da sie die Blattzellen leersaugen, <u>sehen die Blätter wie punktiert aus.</u>
- Dagegen helfen <u>nur spezielle Mittel</u> (Akarizide); sanfte Methoden sind nicht zu empfehlen.

**Schildläuse, Wollläuse oder Schmierläuse**

- Sie treten in unterschiedlichster Form und Farbe bevorzugt im Winter <u>an der Rinde</u> oder <u>auf den Blattunterseiten</u> auf.
- Selbst, wenn die Bekämpfung mit Spritzmitteln erfolgreich war, bleiben die <u>leeren Hüllen</u> haften: mit Schwamm oder alter Zahnbürste <u>abreiben.</u>

KOSMOS

## SOFORTHELFER

Oleander ist giftig. Er enthält ein Glykosid namens Oleandrin, das zum Herzstillstand führen kann, wenn man es in kritischer Dosis zu sich nimmt. Allerdings ist der Geschmack von Oleanderblättern so widerlich und bitter, dass es kaum zu einer Vergiftung kommen kann. Trotzdem sollte man, wenn man eine empfindliche Haut hat, zur Pflege Handschuhe tragen.

### Oleanderkrebs

- Leider tragen fast alle Oleander den Keim für Oleanderkrebs in sich. Er bricht jedoch erst aus, wenn die Kronen ständig feucht sind und schlecht abtrocknen
- Gegen den Krebs gibt es kein Mittel; befallene Partien schneidet man großzügig aus; Werkzeug desinfizieren.
- Oleander immer luftig aufstellen.

### Blattfall

- Oleander tauschen das ganze Jahr hindurch Laub aus, da ihnen als immergrüne Pflanzen der herbstliche Laubfall zur Blatterneuerung fehlt; deshalb ist eine permanenter, leichter Blattfall normal.
- Wirft Oleander dagegen Laub in größeren Mengen ab, tut er dies in Stressphasen, die zumeist durch Trockenheit ausgelöst werden, weil zu wenig oder zu spät gegossen wurde.

## Marie Gambetta
*(Nerium oleander)*

**Besonderheiten**
- Reichblütig
- Kompakter Wuchs, fällt wenig auseinander

**Vorlieben**
- Volle Sonne bei stets satt feuchter Erde im Sommer
- -5 bis +12 °C im Winter

**Probleme**
- Trockenheit fördert Spinnmilben im Sommer.
- Zu warme Winterquartiere begünstigen Läuse aller Art.

## Italia
*(Nerium oleander)*

**Besonderheiten**
- Beliebteste Blütenfarbe unter den Oleandern

**Vorlieben**
- Vollsonnig im Sommer
- Direkt am Fenster im Winter

**Probleme**
- Blüten werden bei Regen vorzeitig fleckig.
- Oleanderkrebs bricht, wie bei allen Sorten, aus, wenn Kronen nicht abtrocknen.

## Soeur Agnes
*(Nerium oleander)*

**Besonderheiten**
- Edle Blütenfarbe, die zu jeder anderen passt.

**Vorlieben**
- In Sitzplatznähe auf der Süd-terrasse gestellt, „leuchten" die weißen Blüten bis spät in den Abend.
- In großen Gefäßen halten.

**Probleme**
- Wiederholt zu trockene Erde fördert Spinnmilben im Sommer.
- Blattlausbefall bei warmer Überwinterung

## Rosa Oleander
*(Nerium oleander)*

**Besonderheiten**
- Die ursprünglichsten Oleander (keine oder kurze Züchtungshistorie)
- Robust und vital

**Vorlieben**
- Volle Sonne und viel Wasser

**Probleme**
- Wassermangel führt wie bei allen zum Verkahlen, gegen das nur ein radikaler Rückschnitt hilft.

## Geant de Batailles
*(Nerium oleander)*

**Besonderheiten**
- Romantische Blütenform

**Vorlieben**
- Gut belüftete, offene, vollsonnige Plätze in Garten oder auf Terrassen sind ideal.

**Probleme**
- Wie alle Oleander anfällig für Spinnmilben und Schild-/ Wollläuse.
- Triebe nicht immer standfest: Zusammenbinden hilft.

## Splendens Foliis Variegatis
*(Nerium oleander)*

**Besonderheiten**
- Grün-weiß-gelb gemusterte Blätter ergänzen die rosa-gefüllten Blütenpracht.

**Vorlieben**
- Vollsonnig stellen, da die bunten Blätter weniger Energie aufbauen können (geringerer Chlorophyllgehalt).

**Probleme**
- Spinnmilben im Sommer schwer zu sehen: Lupe zu Hilfe nehmen!
- Ein Fensterplatz im Winterquartier ist Pflicht.

## WAS

### SOLLTE MAN WISSEN?

- Engelstrompeten sind <u>starkwüchsige</u> Pflanzen, auch wenn die wenige Wochen alten Jungpflanzen (bewurzelte Stecklinge) im Gartencenter noch „niedlich" aussehen; die Endhöhe liegt bei 3–4 m.
- Die Engelstrompete zählt zu den <u>Giftpflanzen,</u> die in Haushalten mit Kleinkindern mit Vorsicht auszuwählen sind.

## WAS

### BRAUCHE ICH?

- Jährlich ein neues Gefäß, das 10–15 cm größer im Durchmesser ist als das bisherige.
- frische Kübelpflanzenerde
- Langzeitdünger
- hochwertigen Kübelpflanzendünger (sofort wirksam) in Pulverform oder flüssiger Form oder speziellen Engelstrompetendünger
- Bambusstäbe zum Anbinden
- mit Kunststoff ummantelten Pflanzendraht

## WIE

### VERSORGE ICH ENGELSTROMPETEN AM BESTEN?

**Auf Vorrat gießen**

- Wegen ihrer großen Blätter brauchen Engelstrompeten <u>enorm viel Wasser;</u> gießen Sie die neue Pflanze sofort, wenn Sie zu Hause eintreffen und dann <u>den ganzen Sommer jeden Tag ein bis zwei Mal.</u>
- Ein großer <u>Untersetzer</u> hilft während des Sommers, dem Wasserbedarf nachzukommen; füllen Sie ihn bei jedem Gießen.

**Wurzeln stutzen**

- Die Wurzeln von Engelstrompeten wachsen in Kürze durch die Abzugslöcher im Topfboden hinaus.
- Vor dem Umtopfen kann man diese bedenkenlos <u>abschneiden.</u>
- Ohne die „Wurzelfransen" löst sich der Ballen (durchwurzelte Erde) leichter aus dem alten Gefäß.

### KOSMOS
# SOFORTHELFER
Im Gartencenter gibt es oft nur Standardsorten von Engelstrompeten. Die ganze Vielfalt attraktiver Sorten erhalten Sie bei Spezialisten, die ihre Pflanzen per Paket zum Kunden schicken. Dank jahre- oder jahrzehntelanger Erfahrung werden die Pflanzen meist professionell verpackt und kommen zu 98 % sicher an.

### Dünger in Mengen

- Engelstrompeten brauchen viel Dünger; die Grundversorgung sichern Langzeitdünger mit einer Wirkzeit von 6 Monaten im März (Dosierung laut Packungs-/Herstellerangabe) oder Düngerstäbchen.
- Zusätzlich gießt man von April bis Ende August einmal pro Woche mit einer sofort wirksamen Düngelösung.

### Geraden Wuchs fördern

- Die Zweige haben bei Engelstrompeten die Tendenz, in Kurven zu wachsen; wer gerade Triebe bevorzugt, bindet junge Pflanzen von Anfang an einen Stab.
- Verwenden Sie zum Anbinden mit Kunststoff ummantelte Pflanzendrähte, die man lockert, bevor sie in die Rinde einschneiden, oder elastische Schnüre (im Bild).

# SCHNEIDEN

## WANN
### WIRD GESCHNITTEN

- Engelstrompeten bilden nicht überall Blütenknospen, sondern im so genannten Blühbereich, der sich etwa im oberen Drittel der Krone befindet und an Blättern erkennbar ist, deren Blattspreiten asymmetrisch am Blattstiel ansetzen.
- Man kann Engelstrompeten zwar jährlich extrem stutzen, ohne dass die Wuchsfreude leidet; entfernt man aber dabei den gesamten Blühbereich, erfolgt die Blüte sehr spät im Jahr oder erst wieder im Folgesommer.

## WAS
### BRAUCHE ICH?

- Kräftige Gartenschere mit scharfer Klinge, um die Triebe nicht zu quetschen.
- Alternativ: scharfes Messer, da junge Engelstrompeten-Triebe weich und borkenlos sind und sich relativ leicht durchtrennen lassen.
- Schale mit feuchtem Zeitungspapier, um Schnittgut für Stecklingsvermehrung zu lagern (siehe „Tipp" rechts).

## WIE
### SCHNEIDE ICH RICHTIG?

**Radikaler Rückschnitt**

- Es ist nicht ungewöhnlich, dass Engelstrompeten während der Überwinterung Zweige abstoßen: Je kühler sie stehen (5–8 °C), umso mehr, je wärmer (12–15 °C) umso weniger.
- Die abgestorbenen Partien schneidet man bis ins gesunde Gewebe zurück, kurz bevor die Pflanze im April neu austreibt.
- Schneiden Sie Ihre Engelstrompeten nach dem Winter nicht zu früh, sonst heilen die Schnittstellen schlecht und die Zweige können ein (weiteres) Stück eintrocknen.
- Meiden Sie zu große Eingriffe in den Blühbereich. Bei zu großen Pflanzen nur einen Teil der Hauptäste in einem, den anderen im nächsten Jahr kappen.

### KOSMOS
# SOFORTHELFER

Stecklinge bewurzeln in stets feuchter Erde unter einer durchsichtigen Haube bei 18–24 °C leicht. Jeder Steckling sollte 10–15 cm lang sein und an der Spitze zwei Blätter behalten, die man um die Hälfte einkürzt. Stecken Sie den Stiel so tief in ein mit Anzuchterde gefülltes Töpfchen, dass ein bis zwei ehemalige Blattansätze in der Erde sitzen: Hier bilden sich die Wurzeln.

## Entspitzen

- Im April und Mai fördert das Entspitzen der Triebe die Bildung neuer Verzweigungen und damit einen <u>dichteren</u> und etwas gedrungeneren <u>Wuchs.</u>
- Dazu die Triebe <u>alle drei bis fünf Wochen</u> um jeweils drei bis vier Blätter einkürzen.
- Je älter und größer eine Engelstrompete wird, umso üppiger blüht sie.

- Aber sie <u>vergreist</u> auch.
- Lässt die Blüte nach, ist es an der Zeit, zu <u>verjüngen.</u> Dazu nimmt man jedes Jahr <u>ein bis zwei der ältesten Triebe</u> ganz heraus, indem man sie <u>direkt über der Erde kappt,</u> um Platz für junge, blühfreudige Neutriebe zu schaffen.

# PROBLEME

## WORAUF
### MUSS ICH ACHTEN?

- Die Strategie der Engelstrompeten setzt darauf, schneller zu wachsen, als die Schädlinge fressen können. Sie investiert außer ihrem Gift nichts in den Schutz der <u>Blätter,</u> die entsprechend <u>weich</u> und eine „zarte Delikatesse" für viele Kleintiere sind.
- Engelstrompeten müssen kontinuierlich beobachtet werden, um <u>Schädlinge rechtzeitig zu entdecken.</u>

## WAS
### BRAUCHE ICH?

- Abwehrmittel gegen Schnecken wie Schneckenkorn, Schnecken-Stopp o. a.
- Handelsübliche Spritzmittel gegen Blattläuse. Vermeiden Sie ölhaltige Produkte, da es bei den weichen, behaarten Blättern der Engelstrompeten zu Unverträglichkeiten kommen kann. WICHTIG: während und eine Woche nach der Behandlung schattig stellen, um Verbrennungen vorzubeugen
- Ameisenmittel oder -köder

## WELCHE
### PROBLEME TRETEN AUF?

**Blattläuse**

- Im Frühling warten Blattläuse leider nicht lange, um die jungen Blattknospen zu besiedeln; einen Teil werden Sie automatisch beim <u>Rückschnitt</u> los. Schnittgut <u>nicht schütteln,</u> da sich Blattläuse sofort fallen lassen.
- Gegen <u>größere Kolonien</u> helfen handelsübliche Pflanzenschutzmittel.

**Schnecken**

- Im Freien gibt es keinen Sommer, in dem die Blätter einer Engelstrompete makellos bleiben: Schnecken aller Art fressen <u>unregelmäßige Löcher</u> hinein.
- Sie lassen sich <u>abends absammeln</u> oder mit <u>Schneckenmitteln</u> bekämpfen, die man auf die Topferde streut und regelmäßig auffrischt.

KOSMOS

## SOFORTHELFER

Blaukorn ist ein Dünger aus der Landwirtschaft, für große Flächen. Für Pflanzen in Töpfen kann der Nährstoffgehalt leicht zu hoch sein und es kommt zu Überdüngungsschäden. Engelstrompeten mit ihrem enormen Hunger sind eine Ausnahme: Sie vertragen auch die Masse an Nährstoffen durch eine Gabe Blaukorn. Generell ist jedoch im Topfgarten davon abzuraten.

### Ameisen

- sind lästig, aber kein direkter Schädling, da sie keine Pflanzenteile fressen; ihre Gänge durchlöchern aber die Erde und erschweren somit das Gießen.
- Bei kleineren Gefäßen hilft ein mehrstündiges Tauchbad, das die Brut tötet und die Kolonie vertreibt, bei großen Töpfen das Streuen von Ameisenmitteln.

### Spinnmilben

- An halbschattigen Plätzen, gibt es mit Spinnmilben wenig Ärger: Sie treten vor allem bei Trockenheit und Hitze auf.
- Verwenden Sie nur Mittel, die explizit gegen Spinnmilben ausgewiesen sind; solche „gegen beißende und saugende Insekten" sind oft nicht effizient genug.

# DIE SCHÖNSTEN SORTEN

## Gelbe Sorte
*(Brugmansia-Hybride)*

**Besonderheiten**
- Klassische, gelbe Sorte
- Riesige Blütentrichter

**Vorlieben**
- Je sonniger sie steht, umso höher ist der Wasserbedarf.
- Halbschattiger Standort

**Probleme**
- Blattläuse
- Spinnmilben
- Nacktschnecken

## Gefüllte Sorte
*(Brugmansia-Hybride)*

**Besonderheiten**
- Gefüllte Sorten halten nicht weniger lange, sind nicht blütenärmer oder empfindlicher.

**Vorlieben**
- Windgeschützt stellen, damit Böen die opulenten Kronen nicht umwehen.

**Probleme**
- Jederzeit auf Schädlinge aller Art gefasst sein (Schnecken, Käfer, Läuse, Spinnmilben und viele mehr).

## Rote Sorte
*(Brugmansia-Sanguinea-Hybride)*

**Besonderheiten**
- Farbintensive, rot-gelbe Blüten

**Vorlieben**
- Warm (aber nicht zwingend sonnig) und windgeschützt

**Probleme**
- Sanguinea-Engelstrompeten brauchen im Winter höhere Temperaturen: +10 bis +18°C, alle anderen: +5 bis +15°C.

## Buntblättrige Sorte
*(Brugmansia-Hybride)*

**Besonderheiten**
- Ergänzend zum intensiv duftendem Blütenschmuck attraktiv gemusterte Blätter.

**Vorlieben**
- Da panaschierte Blätter weniger Energie aufbauen können (geringerer Chlorophyll-Anteil), sind sonnige Plätze besser.

**Probleme**
- Blattläuse im Frühjahr
- Spinnmilben im Sommer
- Nacktschnecken ganzjährig

## Zwerg-Sorte
*(Brugmansia-Hybride)*

**Besonderheiten**
- Reduzierte Wuchskraft und kürzere Blattabstände versprechen kleinere Kronen.

**Vorlieben**
- Sonnig bis halbschattig
- Gern mit hoher Luftfeuchte

**Probleme**
- Leider werden häufig Jungpflanzen als „kompakt-/kleinwüchsig" angeboten, die sich später als normal entpuppen (Endhöhe 2–4m).

## Rosa Sorte
*(Brugmansia-Hybride)*

**Besonderheiten**
- Je nach Züchtungshistorie sehr ursprünglich und robust

**Vorlieben**
- Halbschatten erleichtert das Gießen und geht nicht zu Lasten der opulenten Blüte.

**Probleme**
- Die klassischen Schädlinge lassen sich leider auch die bewährten Sorten schmecken.

# SCHMUCKLILIE & CO

# NICHT JEDER STRAUCH IST EIN BUSCH

*SCHMUCKLILIE & CO*

UNTER DEN BELIEBTESTEN KÜBELPFLANZEN FINDET MAN NICHT NUR SOLCHE, DIE EIN FESTES GERÜST VON ZWEIGEN BILDEN. ZAHLREICHE STAUDEN TUMMELN SICH IN DER MENGE DER KÜBELPFLANZEN-STARS. SIE BILDEN, WIE SCHMUCKLILIE, KAP-LILIE ODER ZIER-INGWER, AUSSCHLIESSLICH BLÄTTER, DIE DER ERDE ENTSPRINGEN. BEI IMMERGRÜNEN ARTEN KOMMEN JÄHRLICH NEUE BLATTBÜSCHEL HINZU, BEI SOMMERGRÜNEN ARTEN WELKT DAS BLATTWERK IM HERBST UND SPRIESST JEDES FRÜHJAHR NEU IN IMMER GRÖSSERER ZAHL.

## BLÜTEN-GIGANTEN

Unverzichtbar machen sich die staudigen Vertreter mit ihren riesigen Blüten. Die himmelblauen Blütenkugeln der Schmucklilien (Agapanthus) verwandeln jeden Pool im Garten, jedes Planschbecken in eine Urlaubsoase, wenn sie die Beckenränder säumen. Der einmaligen Eleganz und Farbenpracht der orangeblauen Paradiesvo-gelblumen (Strelitzia reginae) kann sich kaum jemand entziehen. Der Flor des Neuseeländer Flachs wird stolze drei Meter hoch, während die handlangen Blüten des Kahili-Ingwers (Hedychium gardnerianum) obendrein mit intensivem Blütenduft verwöhnen. Brauchen Sie noch mehr Rekorde, um begeistert zu sein?

## BLATTSCHMUCK MIT SCHICK

Doch nicht die Blüten allein füllen die Pluspunkte-Liste für Schmucklilien und ihre Verwandten. Auch das Blattwerk trägt entscheidend zum Zierwert dieser Arten bei – bei den immergrünen Arten sogar ganzjährig. Paradiesvogelblumen überziehen ihre ruderblattförmigen Blätter mit einem graublauem Schimmer. Flachs ist in vielen Farbvariationen mit roten, rosafarbenen oder grün-weiß gestreiften Blättern erhältlich. Da brauchen Sie nicht auf die Blütezeit zu warten: Die optische Attraktivität ist ganzjährig gegeben.

## STARS OHNE ALLÜREN

Zu allen Vorzügen sind diese Stauden ausgesprochen pflegeleicht. Denn der Formschnitt entfällt völlig. Zur Schere müssen Sie nur zum Ausputzen welker Blätter und Blüten greifen. Fazit: Maximaler Kübelspaß zum minimalen Pflegetarif.

# WELCHE
## ANSPRÜCHE HABEN SIE?

- Für eine üppige Blüte bevorzugen Agapanthus und Verwandte <u>vollsonnige</u> Plätze. Das Wachstum und der Blattschmuck bleiben auch im Halbschatten völlig ungetrübt.
- Verwenden Sie <u>keine Langzeitdünger,</u> sondern alle zwei Wochen von April bis August <u>Flüssigdünger,</u> der sich in dem dichten Wurzelwerk <u>besser verteilt;</u> <u>zu viel Dünger</u> fördert das Blattwachstum – und <u>schmälert die Blütenmenge.</u>

# WAS
## BRAUCHE ICH?

- Die kraftvollen Wurzeln können Tontöpfe leicht sprengen – Kunststoffgefäße verbeulen sie nur.
- Die Blütenstiele sind stabil und biegsam. Auf zugigen, von Windböen heimgesuchten Terrassen sichert man sie trotzdem vorsorglich mit Bambusstäben vor Brüchen.
- Zum Umpflanzen eine Astsäge oder ein altes Messer.

# WIE
## VERSORGE ICH SCHMUCKLILIEN AM BESTEN?

**Teilen**

- Ältere, dichte Pflanzen können Sie <u>nach der Blüte</u> in einzelne oder kleinere Gruppen von Blattbüscheln teilen. Pflanzt man die Teilstücke einzeln in neue Töpfe, blühen sie ab dem Folgejahr wieder.
- Beim Teilen ein altes Messer oder eine alte Säge zu Hilfe nehmen: neues Werkzeug würde sehr schnell stumpf.

**Blütenstiele entfernen**

- Nur, wenn man die Samen für die eigene <u>Aussaat</u> ernten möchte, lässt man welke Blüten stehen und die Saat ausreifen.
- Ansonsten <u>trennen</u> Sie die <u>Blütenstiele ganz heraus</u> ( möglichst tief am Ansatz), um der Pflanze die Kraft für die Samenbildung zu ersparen, die sie stattdessen in die neuen Blüten investieren kann.

## Ausputzen

- Welke Blätter reißt man vorsichtig aus. Nicht abschneiden, die Blattscheiden müssen zur Krankheitsvorbeugung mit entfernt werden.
- Färben sich einzelne Blätter gelb und trocknen ein, ist das normal. Verfärben sich zu viele auf einmal, ist dagegen Trockenheit oder Nässe Schuld (Fäulnis).

## Je enger, desto besser

- Vor allem Schmucklilien und Paradiesvogelblumen blühen umso besser, je gedrängter die Wurzeln im Topf wachsen.
- Deshalb gilt: Nur alle paar Jahre umtopfen.
- Wenn Sie umtopfen, dann gleich nach der Überwinterung und in nur wenig größere Gefäße.

# PROBLEME

## WORAUF
### MUSS ICH ACHTEN?

- Paradiesvogelblume und Neuseeländer Flachs brauchen auch im Winter viel Licht, damit das Laub makellos bleibt; beide überwintern ab 3 °C, akzeptieren aber ebenso Dauerwärme von 18–25 °C.
- Schmucklilien und Kaplilien behalten einen Großteil der Blätter und blühen ab Mai, wenn sie in einem hellen Raum bei 0–15 °C überwintern.
- Bei Lichtmangel und Kälte werden die Blätter abgestoßen und treiben im Frühjahr neu; die Blüte verzögert sich deutlich

## WAS
### BRAUCHE ICH?

- Pflanzenschutzmittel gegen Wollläuse auf ölhaltiger Basis wie z. B. Promanal oder Naturen, oder Pflanzenschutzmittel mit Wirkstoffen wie Dimethoat
- Schwamm oder alte Zahnbürste zum Entfernen von Schild- und Wolllausresten
- Schneckenkorn

## WELCHE
### PROBLEME TRETEN AUF?

**Wollläuse**

- nisten sich gern unbemerkt in den dicht gedrängten Blattansätzen an der Pflanzenbasis ein; erst mit dem Blattwachstum schieben sich ihre Hüllen als „Woll-Reste" sichtbar empor.
- Spritzmittel müssen gezielt zwischen die Blattansätze gelangen und einsickern.

**Gehäuse- oder Nacktschnecken**

- raspeln stellenweise die oberste Blattschicht ab und hinterlassen unregelmäßige Verletzungen.
- Schneckenkorn ist auch bei Kübelpflanzen sehr wirksam; man streut es auf die Erde und frischt es regelmäßig auf.

KOSMOS

# SOFORTHELFER

Ausbleibende Blüten haben drei klassische Gründe: In allzu großzügigen Töpfen wachsen jede Menge Blätter, aber keine Blüten. Bei dunkler Überwinterung und sonnenarmen Sommern reicht in seltenen Fällen die Zeit bis zur Blütenbildung nicht. Aus Samen vermehrte Pflanzen blühen im Fall von Schmucklilie und Paradisvogelblume erst im Alter von 6–8 Jahren.

## Welke Blätter

- Je nach Überwinterungsbedingungen ziehen Schmucklilien im Winter natürlicherweise ein.
- Welken im Sommer zahlreiche Blätter, ist meist <u>falsches Gießen</u> Schuld: Trockenheit lässt die Wurzeln absterben, Nässe abfaulen; in der Folge stößt die Pflanze verfrüht Blätter ab.

## Staunässe und Wurzelfäulnis

- Tödlich für die Wurzeln ist permanente Nässe, denn sie lässt die dicken, fleischigen Wurzeln faulen.
- Stellen Sie die Töpfe vor allem im Winter nicht in Untersetzer oder dichte Übertöpfe
- Nie in Töpfe ohne Abzugslöcher pflanzen.

## Blaue Schmucklilie
_(Agapanthus-Hybride)_

**Besonderheiten**
- Große, blaue Blütenkugeln
- Standfeste Blütenstiele

**Vorlieben**
- Ab Mai vollsonnig stellen
- In möglichst kleinen Töpfen halten
- Winter -5 bis +12°C

**Probleme**
- Wollläuse in Blattachseln
- Normal: In kalten Winterquartieren (unter 3°C) welken die Blätter und sprießen im Frühjahr neu.

## Weiße Schmucklilie
_(Agapanthus 'Albus')_

**Besonderheiten**
- Große, weiße Blütenkugeln;
- Handlich: Blattlänge nicht über 40–60 cm

**Vorlieben**
- Vollsonnige Sommerplätze in engen Töpfen
- Winter: -5 bis +12°C

**Probleme**
- Blattläuse, Weiße Fliegen oder Spinnilben sind nicht zu befürchten,
- dafür Wollläuse und leichter Schneckenfraß.

## Kaplilie
_(Tulbaghia violacea)_

**Besonderheiten**
- Rosafarbene Blütenkugeln
- Intensiver Knoblauch-Zwiebelgeruch der Blätter
- Lässt sich leicht teilen und vermehren.

**Vorlieben**
- Sonnig oder halbschattig
- Verträgt wenige Frostgrade

**Probleme**
- Wollläuse in Blattachseln selten; sehr robust
- Verliert im Winter viele oder alle Blätter, treibt ab März/April neu aus.

## Paradiesvogelblume
*(Strelitzia reginae)*

**Besonderheiten**
- Exotische „Vogel"-Blüten;
- Praktsich wie schädlingsfrei

**Vorlieben**
- Sonniger, regengeschützter Stand
- Winter: +3 bis +25 °C

**Probleme**
- In seltenen Fällen winterlicher Woll- oder Schildlausfall bei warmem Stand.
- Nässe lässt die Wurzeln faulen
- Blattläuse, Spinnmilben oder Weiße Fliegen sind kein Thema.

## Neuseeländer Flachs
*(Phormium tenax)*

**Besonderheiten**
- Ganzjähriger Blattschmuck in diversen Blattfarben
- Imposante Blütenstände
- Sehr robust und anpassungs-fähig

**Vorlieben**
- Sonnig bis halbschattig
- Hitzeverträglich
- Winter: +3 bis +25 °C

**Probleme**
- Wollläuse in Blattachseln
- Sonst zuverlässig schädlings-frei.

## Kahili-Ingwer
*(Hedychium gardnerianum)*

**Besonderheiten**
- Duftende, große Blüten
- Attraktiver Blattschmuck

**Vorlieben**
- Sonnig bis halbschattig;
- Windgeschützt
- Winter: +10 bis +25 °C

**Probleme**
- Normal: Triebe, die geblüht haben, sterben im Folgejahr ab; neue sprießen jährlich aus dem Boden.

# FRUCHT-
# PFLANZEN

# EIN BISSCHEN ANDERS *FRUCHTPFLANZEN*

DIVERSE LEBENSMITTEL-SKANDALE STÄRKEN BEI VIELEN MENSCHEN DEN WUNSCH, WIEDER MEHR „AUS DEM EIGENEN ANBAU" ZU ESSEN. WARUM NICHT AUCH EXOTISCHE FRÜCHTE? STATT SICH „NUR" AN AUSGEFALLENEN BLÜTEN ZU ERFREUEN, LEGEN SICH IMMER MEHR TERRASSEN- UND WINTERGARTENFANS FRUCHTPFLANZEN AUS ALLER WELT ZU. DIE HITLISTE FÜHREN FEIGEN UND OLIVEN AN, DIE IM FRÜHJAHR IN KEINEM GARTENCENTER FEHLEN. WER SPEZIELLE SORTEN SUCHT, FINDET IM INTERNET-FACHHANDEL FÜR KÜBELPFLANZEN EIN REICHHALTIGES, GANZJÄHRIGES ANGEBOT.

## KEIN BISSCHEN KOMPLIZIERTER

Fruchtende Kübelpflanzen stellen keine höheren Ansprüche als Blütenpflanzen in Topfkultur. Nur entscheidet eine gleichmäßige Pflege stärker darüber, ob sie wenige oder viele Früchte ernten. Denn Früchte bilden sich nur ein Mal im Jahr. Verliert man sie während des Sommers, z. B. durch mangelhaftes Gießen, gibt es keine zweite Chance – erst wieder im nächsten Jahr. Blütenpflanzen sind hier spendabler: Klappt ein Blütensatz nicht, schieben sie im Nu einen neuen hinterher.

## KEIN BISSCHEN SCHLECHTER

Viele hegen die Befürchtung, dass mediterrane Früchte wie Feigen und Oliven, die hierzulande wachsen, schlechter schmecken. Zu Unrecht: Feigen werden nördlich der Alpen genauso süß wie südlich davon – nur die Erntemengen fallen naturgemäß etwas geringer aus, weil man statt des Feigen-Hains nur ein oder zwei Pflanzen hat. Doch wie steht es mit Oliven: Kann man die eigenen Olivenfrüchte essen? Ja, aber man muss sie zuvor mehrere Monate in Lake einlegen, die mehrfach ausgewechselt wird, damit sie ihre Bitterstoffe verlieren. Olivenöl daraus zu pressen, ist bei ein paar Exemplaren im Bestand meist nicht wirtschaftlich.

## HELL ODER DUNKEL? – DAS IST DIE FRAGE

Feigen und Oliven gehen im Winter eigene Wege. Zwar haben sie beide mit Kälte kein Problem und vertragen als Kübelpflanzen sogar moderaten Frost, aber während die Feige ihre Blätter im Herbst abwirft, bleibt die Olive immergrün. Daraus resultieren unterschiedliche Lichtansprüche: Die Feige braucht nur eine kleine Lichtquelle, die Olive sollte dagegen sehr hell direkt am Fenster stehen.

## WELCHE
### ANSPRÜCHE HABEN OLIVEN?

- Oliven wachsen moderat, ihre Wurzeln in Topfkultur sogar langsam.
- Oliven können in der Regel <u>zwei bis drei Jahre im gleichen Topf bleiben.</u>
- Oliven sind an <u>magere Böden</u> angepasst, die mehr Steine als Humus enthalten; achten Sie deshalb auf mineralreiche („steinige") Pflanzerde, die zu etwa 40 % aus Kalksteinbruch, Lavagrus, Blähton o. ä. besteht.

## WAS
### BRAUCHE ICH?

- Brause und Eimer zum Auswaschen des Wurzelballens
- Hochwertige Kübelpflanzenerde
- dicken Bambusstab oder eiserne, mit Kunststoff ummantelte Bohnenstange als Stützstab
- Untersetzer im Sommer, um Gießen zu erleichtern

## WIE
### VERSORGE ICH SIE AM BESTEN?

**Mehr gießen als gedacht**

- Oliven sind <u>keine Trockenkünstler</u>, im Mittelmeerraum haben ihre Wurzeln stets Wasseranschluss!
- In Töpfen brauchen sie <u>im Sommer jeden bis jeden zweiten Tag Wassernachschub</u>, im Winter ein bis zwei Mal pro Woche. Die Erde zwischen den Gaben leicht abtrocknen (aber nicht austrocknen!) lassen.

**Lehm ausspülen**

- In südlichen Ländern wird lehmige Erde für die Oliven-Anzucht verwendet. Im Sommer ist sie von Vorteil, da sie gut Wasser speichert, im Winter kann sie hier zu Staunässe und Wurzelfäulnis führen.
- Deshalb die Wurzeln <u>beim ersten Umtopfen</u> vorsichtig auswaschen und den Lehm gegen frische Erde tauschen.

*KOSMOS*

**SOFORTHELFER**

Oliven kann man sehr gut mit mehrjährigem Rosmarin, Lavendel oder Silberwinde unterpflanzen, da diese die gleichen Standort- und Überwinterungsansprüche haben und mit ihrem grau-grünen Laub optisch sehr gut passen.
Oliven dagegen jährlich mit Sonnenblumen zu unterpflanzen würden den Olivenwurzeln schaden.

### Vollsonnig stellen

- Die grauen, festen Blätter verraten es: <u>Oliven sind Sonnenanbeter</u>, denen Hitze nichts ausmacht, im Gegenteil: vollsonnige Plätze sind die besten.
- In der Sonne ist jedoch der Wasserbedarf hoch, vor allem, wenn auch die Töpfe besonnt sind; deshalb: <u>im Sommer täglich und reichlich gießen.</u>

### Stützen und Stäben

- Um knorrige Stämme zu bilden, brauchen Oliven Jahrzehnte; <u>junge Pflanzen</u> haben dagegen sehr dünne, biegsame Stämme, denen ein <u>Stützstab</u> hilft, gerade zu wachsen und nicht zu brechen.
- <u>Kontrollieren</u> und lockern Sie die Bindungen regelmäßig, bevor Drähte oder Schnüre die Rinde einschnüren.

## WANN
### WIRD GESCHNITTEN?

- Junge wie alte Oliven verzweigen sich von Natur aus nicht gern, sondern wachsen lieber in langen Schossen.
- Für eine dichte Krone ist es deshalb unverzichtbar, Oliven mehrmals pro Jahr zu schneiden.
- Dichtkronige, dickstämmige Oliven sind aus diesem Grund auch teurer als gleich hohe, dünnstämmige Jungpflanzen, da sie für den Produzenten deutlich mehr Pflegeaufwand und Kulturdauer bedeuten.

## WAS
### BRAUCHE ICH?

- Gartenschere (Amboss- oder Bypass-Schere) für dünnere Zweige
- kräftige Astschere für dickere Äste
- Baumwachs, wenn man dicke Äste schneiden möchte.

## WIE
### SCHNEIDE ICH RICHTIG?

**Schöne, dichte Krone**

- Im März oder April, kurz vor dem neuen Austrieb, ist der beste Zeitpunkt, lichte Oliven-Kronen kräftig zu stutzen, damit sie mehr Verzweigungen bilden
- Dabei ist es bei alten Oliven durchaus erlaubt, auch armdicke Äste zu stutzen; die großen Schnittwunden sollten aber mit Baumwachs verstrichen werden.

**Kugelrunde Kronen**

- Vor allem im Frühjahr „schießen" Oliven. Mit einem zweiten Rückschnitt wartet man die Blüte ab und greift erst im Juni/Juli zur Schere, um Triebspitzen zu kürzen, die keine Fruchtansätze tragen.
- Setzen Sie die Schere 3 – 5 mm oberhalb eines Blatts oder einer Knospe an, die zum Kronenäußeren zeigt.

KOSMOS
## SOFORTHELFER

Bonsai-Oliven in kleinen Töpfen wachsen langsam und knorrig. Pflanzt man sie jedoch in größere Töpfe, beschleunigt sich ihr Wachstum schlagartig, da sie in ihr natürliches Wuchsverhalten zurückkehren. Wenn Sie eine Olive klein halten möchten, muss auch der Topf klein bleiben. Beim Umtopfen dabei nicht nur die Zweige, sondern auch die Wurzeln kräftig zurückschneiden.

### Wildtriebe

- Bei den meisten Oliven, die hierzulande im Handel sind, handelt es sich um samenvermehrte Zierpflanzen; wer jedoch Oliven einer bestimmten Fruchtqualität möchte (z. B. schwarz-/grünfrüchtige), greift zu veredelten Sorten.

- Bilden veredelte Oliven an der Stammbasis unterhalb der Veredlungsstelle Triebe, entfernt man diese, da es sich um Wildtriebe handelt, deren Fruchtqualität unkalkulierbar ist.
- Bei Zier-Oliven, kann der „Bart" aus Wildschossen dagegen bleiben, wenn er optisch nicht stört.

## WORAUF
### MUSS ICH ACHTEN?

- Oliven sind im Vergleich zu vielen anderen Arten sehr pflegeleichte Kübelpflanzen. Obwohl sie gern kühl bei -5 °C bis +10 °C überwintern, ist sogar eine Überwinterung in Wohnräumen möglich.
- Voraussetzung ist jedoch, dass die Erde nicht austrocknet. Plötzlicher, extremer Blattfall ist viel seltener eine Folge von Lichtmangel, sondern meist von Trockenheit.
- In ungeheizten Winterquartieren kommen als Problemursache in Frage: massiver Schädlingsbefall (Schwächung), Staunässe, Temperaturen unter -10 °C.

## WAS
### BRAUCHE ICH?

- Sprühflasche
- Spiritus-Schmierseifen-Lösung: je 20 ml Spiritus und Schmierseife in einem Liter Wasser auflösen
- Pflanzenschutzmittel gegen Schild-/Wollläuse

## WELCHE
### PROBLEME TRETEN AUF?

**Blattfall**

- Da Oliven immergrün sind, ihnen also ein „Herbst" für den Blattaustausch fehlt, ist es völlig normal, wenn sie ganzjährig einzelne Blätter verlieren.
- Gelblich-braune, konzentrische Kreise auf den Blättern sind dagegen ein Zeichen von Trockenheit.

- Wird massenweise Laub abgeworfen, ist die Olive in den vorangegangen zehn Tagen ausgetrocknet; Oliven reagieren zeitverzögert! Eingerollte Blattränder sind ein Warnzeichen: sofort gießen.
- Vom Rand braun verfärbte Blätter deuten auf Überdüngung hin. Gießen Sie durchdringend, um die Nährsalze auszuspülen.

### KOSMOS
# SOFORTHELFER

Oliven brauchen nur wenig Nährstoffe. Sie gar nicht zu düngen, wäre jedoch grundverkehrt. Geben Sie zwei (bis drei) Mal im Monat einen sofort wirksamen Flüssigdünger für Kübelpflanzen mit ins Gießwasser. Alternative: Im März Langzeitdünger mit einer Wirkzeit von sechs Monaten in der halben Menge wie vom Hersteller angegeben auf die Topferde streuen.

### Woll- und Schildläuse

- Sobald Oliven im Mai oder Juni ihre kleinen, gelben <u>Blüten</u> öffnen, tauchen Wollläuse wie aus dem Nichts auf.
- Sprüht man gezielt <u>mit Spiritus-Schmier-seifen-Lösung in die Blütenstände,</u> wird man sie giftfrei wieder los. Erweisen sie sich als hartnäckig, behandelt man mit Pflanzenschutzmitteln.

- Je wärmer das Winterquartier, umso ungebremster vermehren sich im Winter Schildläuse.
- Oliven daher <u>möglichst kalt</u> bei −5 bis +10 °C im Winterquartier aufstellen.
- <u>Ölhaltige Mittel</u> ersticken Schildläuse; die leeren Hüllen später abreiben, ebenso schwarze Beläge von Rußtaupilzen.

## WIE
### FROSTHART SIND FEIGEN?

- Die Kaufentscheidung für eine Feige fällt häufig dank ihrer Winterhärte. Tatsächlich lassen sich Feigen dauerhaft in den Garten pflanzen, wo sie in strengen Wintern zurückfrieren, aber immer wieder austreiben.
- In Kübeln aber ist die Frosttoleranz von Feigen limitiert, denn hier dringt der Frost viel schneller und länger bis zu Wurzeln vor.
- Feigen im Topf deshalb besser in Gebäuden überwintern, die beheizt oder unbeheizt sein können.

## WAS
### BRAUCHE ICH?

- neuer Plastiktopf, 5–10 cm größer als der vorherige
- ausgedientes Messer mit langer Klinge, um Wurzelballen aus dem Topf zu lösen („klemmt" oft fest)
- Untersetzer in der Wachstumszeit, um täglichen Wasserbedarf leichter zu decken
- hochwertige Kübelpflanzenerde (siehe S. 16 f.)

## WIE
### VERSORGE ICH FEIGEN AM BESTEN?

**Jährlich umtopfen**

- Feigen sind sehr starkwüchsig, die ihre Gefäße zumeist binnen eines Jahres durchwurzeln; planen Sie deshalb jedes Frühjahr ein im Durchmesser um 5–10 cm größeres Gefäß ein.
- Von der Topfoberkante bis zur Erdoberfläche sollten 2–3 cm Gießrand bleiben – gut „messbar" mit einem aufgelegten Stab.

**Kräftig düngen**

- Feigen brauchen viel Dünger; von März bis Ende August ist deshalb die Gabe eines hochwertigen Kübelpflanzendüngers einmal pro Woche ratsam, den man als Pulver oder Flüssigkeit im Gießwasser löst.
- Alternativ streut man im Frühjahr Langzeitdünger auf die Topferde.

KOSMOS
**SOFORTHELFER**
Feigen blühen nicht! Wildfeigen bilden so genannte Vorfrüchte, die von wilden Wespenarten (Gallwespen) befruchtet werden. Bei den heutigen Kulturfeigen und Feigensorten fehlt jedoch auch diese Vorstufe: Sie setzen sofort Früchte an, die zu den bekannten, tropfenförmigen, ausgesprochen süßen Leckerbissen heranreifen.

### Den Durst stillen

- Feigen wachsen zwar auf steinigen Böden, ja sogar in Mauernischen, brauchen aber in der Wachstumszeit jeden Tag viel Wasser!

- Sich einrollende Blattränder senden eindeutige Warnsignale drohender Trockenheit. Reagiert man sofort lassen sich Blattverluste abwenden.

- Im Winter sinkt der Wasserbedarf der nun laublosen Pflanzen rapide. Jetzt gilt es, Staunässe zu vermeiden, indem man die Erde stets leicht feucht, aber nicht ständig „pitschnass" hält

# SCHNEIDEN

## WIE
### WIRKSAM IST DER SCHNITT?

- Feigen entwickeln sich auch ohne Ihr Zutun zu attraktiven, markanten Büschen oder Bäum(ch)en mit malerischem Wuchs; die natürliche Tendenz zur Verzweigung ist jedoch gering.
- Ein regelmäßiger Rückschnitt kann die Verzweigung fördern, muss aber nicht: Es passiert häufig, dass ein gekappter Zweig nur eintriebig weiterwächst und sich nicht teilt.

## WAS
### BRAUCHE ICH?

- Gartenschere für den Standard-Rückschnitt
- Baumschere für dickere Äste
- Bambusstäbe zum Spreizen oder Begradigen
- Handschuhe: Bei empfindlichen Menschen können der Milchsaft und/oder die Haare auf den Blättern die Haut reizen.

## WIE
### SCHNEIDE ICH RICHTIG?

**Keine Kleiderhaken**

- Die Abstände zwischen den Blättern sind bei Feigen sehr groß. Schneiden Sie jeweils 3–5 mm oberhalb eines Blattes, das zum Kronenäußeren zeigt.
- Sonst entstehen „Kleiderhaken", die langsam zurücktrocknen und die Heilung der Schnittwunden beeinträchtigen sodass man sie nochmals nachschneiden muss.

**Spreizen**

- Feigen wachsen kräftig und nicht immer schön gerade; wer Drehungen und Biegungen der Zweige verhindern möchte, gibt besser selbst die Richtung vor.
- Dazu spreizt man die Zweige mit Hilfe von Bambusstäben entsprechend ab oder begradigt sie. Die Fixierung erfolgt mit Kunststoff ummanteltem Pflanzendraht.

**KOSMOS**
## SOFORTHELFER
Feigen in Strauchform brauchen viel Platz. Dafür ist es kein Problem, wenn im Winter mal ein Trieb zurückfriert: die anderen schließen die Lücke. Hochstämme sind platzsparender, da man unter ihnen sitzen oder, je nach Höhe, sogar hindurchlaufen kann. Einziger Nachteil ist die Gefahr, dass bei strengem Frost der Stamm erfrieren kann und sich ein Strauch aus Bodentrieben bildet.

### Saftruhe beachten

- Bei Verletzungen tritt aus den Blättern und Zweigen der Feigen <u>Milchsaft</u> aus – im Sommer, wenn sie wachsen, umso mehr; die Tropfenbildung stoppt bei Schnittwunden oft erst nach 10 – 15 Minuten; dadurch <u>verlieren Feigen viel Wasser und Nährstoffe.</u>
- <u>Verzichten</u> Sie auf einen Sommerschnitt.

- Für einschneidendere Kronenkorrekturen sind die <u>Monate Februar und März</u> die beste Zeit, wenn sich Feigen in <u>Winterruhe</u> befinden.
- Dann können Sie die Kronen <u>kräftig einkürzen und formen;</u> keine Sorge: Fruchtholz schneiden sie dabei nicht weg; Feigen fruchten auch am jungen Holz.

## WORAUF
### MUSS ICH ACHTEN?

- Feigen nicht zu lange im Winterquartier lassen: Räumt man sie erst im Mai aus dem dunklen Keller nach draußen, ist die <u>Wachstumszeit</u> in schlechten Sommern <u>zu knapp</u> und man kann keine Früchte ernten.
- Wenn sie dagegen ab März austreiben können, ist die Ernte bei allen gängigen Sorten sicher. Daher <u>frühzeitig hell,</u> aber noch nicht ins Freie stellen; der <u>Umzug nach draußen erfolgt im April;</u> an Tagen mit Spätfrost holt man sie nochmal kurz ins Haus.

## WAS
### BRAUCHE ICH?

- Handelsübliche Pflanzenschutzmittel gegen die jeweilige Schädlingsgruppe. Nehmen Sie ein befallenes Blatt mit, damit das <u>Fachpersonal</u> im Gartencenter den <u>Schädling bestimmen</u> kann.
- Keine ölhaltigen Mittel verwenden.
- Bei einem Befall mit Spinnmilben keine Kompromisse eingehen und sofort mit Akarizid behandeln.

## WELCHE
### PROBLEME TRETEN AUF?

**Fruchtfall**

- Hat ihre Feige Früchte angesetzt, wirft sie aber plötzlich ab, ist in den meisten Fällen Trockenheit Schuld; wird der <u>Reifeprozess</u> der Früchte <u>einmalig unterbrochen,</u> weil die Pflanze alle Wasservorräte in ihr blankes Überleben investieren musste, kommt die <u>Reife nicht wieder in Schwung:</u> die Früchte fallen runzelig zu Boden.

**Blattveränderungen**

- Wird das Laub blass bis gelblich, kommen mehrere Ursachen in Frage:
  1. <u>Düngermangel.</u> Abhilfe: düngen.
  2. ständige oder einmalige, extreme <u>Trockenheit.</u> Abhilfe: regelmäßig und reichlicher gießen.
  3. Schädlingsbefall mit <u>Spinnmilben.</u> Abhilfe: Mit Akarizid spritzen.

## KOSMOS
# SOFORTHELFER

Systemische Pflanzenschutzmittel gelangen in alle Pflanzenteile auch in die Früchte. Dort verbleiben sie jedoch nicht ewig, sondern werden abgebaut. Je nach Wirkstoff sind sie innerhalb weniger Tage bis hin zu mehreren Wochen vorhanden. Wer 4–6 Wochen von der Behandlung bis zum Verzehr der Früchte wartet, geht in der Regel kein Risiko ein.

## Raupen

- In den Sommermonaten machen sich gelegentlich Raupen über die Blätter her, fressen <u>Löcher</u> hinein und <u>rollen</u> sie für ihre Kokons in den <u>Blattspreiten ein.</u>
- Der Fachhandel bietet nur wenige effiziente Mittel gegen Raupen an. Deshalb die Tiere oder befallene Blätter einfach <u>absammeln</u>.

## Schild- und Wollläuse

- Treten selten an Feigen auf und wenn, dann meist nur im Winter, dann zuweilen in Kombination mit <u>Ameisen</u>, die die Lauskolonien für ihren Zuckersaft „hüten". Suchen Sie die Zweige regelmäßig ab.
- Bei systemischen Pflanzenschutzmitteln gelangen die Wirkstoffe auch in die Früchte; die Alternative sind sanfte Mittel wie die <u>Spiritus-Schmierseifen-Lösung</u> (20 ml Spiritus und 20 ml Schmierseife auf 1 l Wasser).

# DIE BESTEN SORTEN

## Pfälzer Fruchtfeige
*(auch "Weinberg(s)feige"; Ficus carica)*

**Besonderheiten**
- Gut frostverträgliche Sorte
- Frühe Reifezeit

**Vorlieben**
- Im Sommer sonnig
- Im Winter -5 bis +10 °C

**Probleme**
- In Töpfen nicht den ganzen Winter im Freien lassen.
- Die maximale Frosthärte gilt nur für ausgepflanzte Feigen.

## Turca
*(Ficus carica)*

**Besonderheiten**
- Wächst etwas kompakter und kleiner.
- Dunkelviolette Früchte

**Vorlieben**
- Nicht zu windig stellen, sonst reißen die Blätter ein.
- Im Winter -5 bis +10 °C

**Probleme**
- Junge Blätter nach dem Ausräumen langsam an die Sonne gewöhnen.
- Im Sommer viel gießen.

## Dottato
*(Ficus carica)*

**Besonderheiten**
- Grüne Früchte sind weniger beliebt, aber genauso süß und aromatisch wie blaue.

**Vorlieben**
- Die Zweige sonnig, aber die Töpfe etwas beschattet stellen: Überhitzung der Wurzeln vermeiden.
- Im Winter -5 bis +10 °C

**Probleme**
- Starke Trockenheit kann zu sommerlichem Spinnmilbenbefall führen.

## Variegata
*(Ficus carica)*

**Besonderheiten**
- Gestreifte Früchte
- Essbar & sehr lecker

**Vorlieben**
- Wie alle Feigen im Sommer sonnig aufstellen.
- Im Winter -5 bis +10 °C

**Probleme**
- Wie bei allen Feigen starkes Wachstum durch jährlichen Rückschnitt gegen Winterende drosseln .

## Melanzana
*(Ficus carica)*

**Besonderheiten**
- Rote Feigenfrüchte in langge-zogener Tropfenform mit sehr gutem Aroma .

**Vorlieben**
- Wie alle Feigen im Sommer sonnig stellen.
- Im Winter -5 bis +10 °C

**Probleme**
- Wie alle Feigen nicht im Sommer schneiden: zu starker Milchsaftfluss.

## Columbaro Nero
*(Ficus carica)*

**Besonderheiten**
- Violettfrüchtige Feige mit aufrechterem, schlankerem Wuchs (platzsparender).

**Vorlieben**
- Ab März im Haus heller stellen (Vortreiben), ab April ins Freie.
- Nur bei Spätfrost nochmal tageweise ins Haus holen.
- Wie alle Feigen im Sommer sonnig stellen.

**Probleme**
- Schildläuse möglich, treten aber sehr selten auf.

DIE
14
SCHNELLSTEN
ANTWORTEN

# ZITRUS-
# PFLANZEN

# MEHR ALS NUR ZITRONEN *ZITRUSPFLANZEN*

UNTER DEM ÜBERBEGRIFF „ZITRUSPFLANZEN" FASST MAN VON ORANGEN ÜBER KUMQUAT, MANDARINEN UND ZITRONEN BIS HIN ZU DEN ZITRONATZITRONEN UND BERGAMOTTE ALLES ZUSAMMEN, WAS ZUR BOTANISCHEN GATTUNG „CITRUS" GEHÖRT. IHRE VORZÜGE: DUFTENDE BLÜTEN, AROMATISCHE BLÄTTER, ALLESAMT ESSBARE FRÜCHTE MIT HOHEM, DEKORATIVEM WERT. KEIN WUNDER, DASS ZITRUS-GEWÄCHSE IN KAUM EINEM KÜBELPFLANZENGARTEN FEHLEN.

## DER KLEINE UNTERSCHIED

Die Frage „Welche Zitrus ist die pflegeleichteste?" stellt sich nicht: Alle sind im Grunde gleich. Unterschiede bestehen lediglich in der Überwinterungstemperatur. Limetten, Grapefruit, Pampelmusen und Zitronatzitronen (Citrus aurantiifolia, C. paradisi, C. maxima, C. medica) brauchen mit 8–12 °C leicht höhere Minimaltemperaturen im Winter als Zitronen, Mandarinen, Orangen oder Kumquat (Citrus reticulata, C. sinensis, Fortunella), denen 3–12 °C reichen. Unterschiede gibt es ferner in der Wuchsstärke. Zitronen können pro Jahr mehr als einen Meter zulegen, während sich Kumquat, Limetten und ihre Kreuzungen mit 20, 30 oder 40 cm begnügen.

## DER GROSSE IRRTUM

Die größten Schwierigkeiten bei der Zitruspflege treten beim Gießen auf, da sich der Irrglaube festgesetzt hat „Zitrus darf man ja nicht zu viel gießen". Diese Gefahr besteht jedoch nur in den Wintermonaten! Und auch nur bei Zitrus, die kühl überwintern und eine Wachstumspause einlegen! Im Sommer aber und bei wärmerer Überwinterung kommt man mit dem Gießen von Zitruspflanzen kaum nach: Bei voller Aktivität sind sie richtig durstig. Die Erfahrung zeigt, dass viel mehr Zitruspflanzen an wiederholter oder dauerhafter Trockenheit leiden als im Winter an Nässe zugrunde gehen. Deshalb: Vorsichtiges Gießen im Winter ist durchaus angeraten, damit die Erde zwischen den Gießgaben abtrocknen kann. Mit steigender Pflanzenaktivität im Frühjahr aber muss man die Wassergaben deutlich erhöhen!

## BESTÄUBUNG JA ODER NEIN?

Wenn Zitruspflanzen keine Früchte ansetzen, liegt das nicht an mangelnder Bestäubung. Denn viele Sorten setzen auch ohne die Hilfe von Insekten Früchte an. Fallen einige Wochen nach der Blüte zahlreiche Fruchtansätze ab, ist auch das kein Grund zur Besorgnis: Die Pflanzen können gar nicht alle Früchte ernähren und dünnen so viel aus, wie sie verkraften können – eine lebenserhaltende Taktik der Natur.

## WELCHE

### ANSPRÜCHE HABEN ZITRUS?

- Frisch gekaufte Zitruspflanzen sind meist vorgedüngt, doch der Vorrat reicht nur wenige Wochen; deshalb ist es ratsam, von April bis September jede Woche einmal sofort wirksamen Dünger mit ins Gießwasser zu geben.
- Die Notwendigkeit, einen speziellen Zitrusdünger zu verwenden, wird überbetont; wenn Sie einen hochwertigen (!) Standarddünger für Kübelpflanzen oder Balkonblumen zur Hand haben, ist es allemal besser, diesen zu verwenden, als gar keinen.

## WAS

### BRAUCHE ICH?

- Untersetzer für die Sommermonate
- große Gießkanne: Kalkulieren Sie pro Liter Erdvolumen Ihrer Zitruspflanze 300 – 500 ml Wasserbedarf pro Tag, also bei einem Topf mit 20 cm Durchmesser 1,5 – 2,5 l Gießwasser pro Tag.
- Zitrusdünger oder hochwertigen Standarddünger.

## WIE

### VERSORGE ICH ZITRUS AM BESTEN?

**Lehmkern auswaschen**

- Zitrus werden häufig in lehmiger Erde kultiviert, die im Winter die Staunässegefahr erhöht; Lehmkerne (verbirgt sich hier hinter einer Torfsubstratschicht) vorsichtig auswaschen, ohne die Wurzeln zu verletzen, und mit frischer, guter Kübelpflanzenerde auffüllen.
- Nur alle 2 – 3 Jahre umtopfen.

**Untersetzer erlaubt**

- Untersetzer sind für Zitrus generell besser als Übertöpfe, da man den Wasserstand im Auge hat; wichtig: Im Sommer schadet es keineswegs, wenn für einige Stunden ein Wasservorrat im Untersetzer steht.
- Verwenden Sie niemals Pflanztöpfe ohne Abzugslöcher!

### KOSMOS
# SOFORTHELFER

Keine Angst vor Nitrat und Nitrit: In Zitrusfrüchten reichert es sich nicht an wie in grünen Salatblättern. Vielmehr ist der regelmäßige Nachschub an Nährstoffen essenziell, damit die Früchte heranreifen und ihr volles Aroma entwickeln können. Sonst fehlt den Pflanzen die „Kraft" dazu, vor allem bei Zitruspflanzen, die zu den Starkzehrern zählen.

### Genug gießen

- Wer jeden Tag immer nur ein bisschen gießt, lässt seine Zitrus verdorren. Wenn Sie gießen, muss die Erde bis zum Topfgrund durchfeuchtet werden nicht nur die obersten Zentimeter.
- Wenn Wasser unten herausrinnt, bedeutet das noch nicht, dass die Erde nass ist: Wiederholtes Gießen bringt den Erfolg!

### Astbrüche vorbeugen

- Wenn Windböen Ihre Zitruspflanze umwerfen, können Äste abbrechen und zu asymmetrischen, unattraktiven Kronen führen; achten Sie vorbeugend auf Töpfe mit möglichst großer Grundfläche und Standfestigkeit.
- An zugigen Plätzen bindet man die Zitrusstämme z. B. an Pfosten fest; wichtig: Die Schnur sollte nicht scheuern, oder einschneiden.

# SCHNEIDEN

## WIE OFT
### WIRD GESCHNITTEN

- Runde, dichte Zitruspflanzen sind kein Zufall, sondern die Folge konsequenten Schnitts; wer sich nicht mindestens ein Mal pro Jahr traut, die Schere anzusetzen, tut seiner Pflanze nichts Gutes.
- Je mehr Schnitt, umso besser: statt bei Zweigen, die bereits ewig lang sind und noch länger werden, bis zum nächsten Frühling zu warten, schneidet man Zitrus den ganzen Sommer über jederzeit bei Bedarf zurück.

## WAS
### BRAUCHE ICH?

- Gartenschere: Amboss- oder Bypass-Schere
- Handschuhe: Zitrus haben je nach Art und Sorte mehr oder weniger viele und mehr oder weniger lange, harte, spitze Dornen!
- Zeitungspapier: die Blätter vom Schnittabfall eignen sich getrocknet sehr gut für Duftpotpourris.

## WIE
### SCHNEIDE ICH RICHTIG

**Kräftiges Stutzen**

- Bevor die Winterruhe im Februar/März endet, sind radikale Rückschnitte erlaubt; Zitruspflanzen vertragen es sogar, wenn armdicke Äste durchtrennt werden und treiben unterhalb der Schnittstellen willig wieder aus.
- Mutiger Rückschnitt sorgt für viele Verzweigungen und einen dichten Wuchs.

**Laufende Korrekturen**

- Zweige, die keine Blüten oder Fruchtansätze tragen, dürfen Sie jederzeit so weit zurückschneiden, dass sie sich in einen harmonischen Kronenumriss einfügen.
- Zweige, die sich unter dem Gewicht von Früchten neigen, stützt man rechtzeitig ab: Zwei Bambusstäbe überkreuzen und den Ast in die entstehende „Gabel" legen.

**KOSMOS**

# SOFORTHELFER

Wenn Zitruspflanzen licht werden, ist nicht der Schnitt Schuld. Im Gegenteil: Ein einmaliger, kräftiger Rückschnitt und regelmäßiges Entspitzen in der Zeit danach bringt Ihre Zitrus wieder in Bestform. Die Ursache für kahle Kronen ist zumeist Trockenheit weil zu selten oder über einen längeren Zeitraum zwar oft, aber zu wenig gegossen wurde.

## Wildtriebe entfernen

- Die Veredlungstelle einer Zitruspflanze ist meist gut zu erkennen, da sich die Rindenstruktur ändert; erwünscht sind nur Zweige <u>oberhalb der Veredelungsstelle.</u>
- Alles, was unterhalb der Veredelungsstelle sprießt, wird <u>so dicht wie möglich am Stamm gekappt,</u> denn es handelt sich um sortenfremde Wildtriebe der Unterlage.

## Auf die Richtung kommt es an

- Setzen Sie die Schere stets <u>5–8 mm oberhalb</u> eines <u>Blatts</u> oder eines Auges an, das <u>zum Kronenäußeren</u> zeigt; so bestimmen Sie die Wuchsrichtung des neuen Austriebs nach außen. Nach innen wachsende „Quertriebe" stören das Kronenbild.
- Schneidet man den Trieb <u>zu dicht</u> über dem Blatt, kann die Knospe (Auge) beschädigt werden und treibt nicht aus.

## WORAUF
### MUSS ICH ACHTEN?

- Zitruspflanzen sind Paradebeispiele für das natürliche Abwehrsystem (Immunsystem) von Pflanzen: Solange sie konstant mit Wasser, Dünger und Sonne versorgt werden und fit sind, bleiben sie schädlingsfrei.
- Sobald Stress durch Trockenheit, Hitze (die Wurzeln sollten sich nicht über 30 °C aufheizen), Nässe oder Lichtmangel auftreten, werden sie binnen kürzester Zeit anfällig für Schädlinge.

## WAS
### BRAUCHE ICH?

- Lupe zur Schädlingsbestimmung, vor allem bei den winzigen Spinnmilben
- Drucksprüher
- Sprühkopf mit feiner Düse und langem Stiel
- Messbecher

## WELCHE
### PROBLEME TRETEN AUF?

**Spinnmilben**

- Typischer Sommerschädling bei Trockenstress; die roten oder weißen Tiere lassen das Laub wie gepunktet aussehen; bilden sie Gespinste, ist der Befall lebensbedrohlich! Behandeln Sie bei ersten Anzeichen sofort mit Akariziden. Mehrere Tage einwirken lassen: Blätter nicht abduschen, Pflanzen regengeschützt stellen.

**Woll- und Schildläuse**

- Typische Winterschädlinge, die man oft erst bemerkt, wenn sich klebriger Zuckersaft und ein schwarzer Belag aus Rußtaupilzen auf den Blättern ablagert. Da Schildläuse meist im Winterquartier auftreten, helfen Pflanzenschutzmittel auf Ölbasis sehr gut, da sie lange auf den Blättern haften und einwirken können.

### KOSMOS
## SOFORTHELFER

Nicht alle Zitruspflanzen blühen gleich im Frühjahr. Je nach Überwinterung und Vitalität der Einzelpflanze, kann sich die Blüte in den Sommer verschieben. Einige Arten alternieren, d. h. auf ein Jahr mit reicher Blüte folgen ein bis zwei Jahre Pause. Grundsätzlich gilt – mit Ausnahme der Zitronen: Zitruspflanzen blühen erst wieder, wenn alle Früchte abgeerntet sind.

### Trockenheit und Staunässe

- Bei Trockenheit rollen sich die Blattränder nach oben; reagiert man zu spät, färben sie sich fahlgelb und fallen ab. Reagiert man rechtzeitig, straffen sie sich.
- Bei Staunässe bleiben die Blätter grün und hängen schlaff herab; reagiert man nicht, färben sich die Triebe an den Spitzen schwärzlich und sterben ab.

### Raupen, Schnecken und Co

- Trotz ihrer dicken, wachsartigen Haut kann es zu Fraßschäden durch Schnecken, Raupen oder Heuschrecken kommen, an der Rinde selbst (siehe Bild) oder an den Blättern.
- Ohne Chemie kommt man aus, wenn man die Tiere regelmäßig absammelt und aus dem Topfgarten verbannt.

# DIE SCHÖNSTEN ARTEN

## Zitrone
*(Citrus limon)*

**Besonderheiten**
• Blüht und fruchtet ganzjährig.

**Vorlieben**
• Die Äste sonnig, die Wurzeln beschattet
• Im Winter kühl: +3 bis +15 °C

**Probleme**
• Das starkes Wachstum erfordert einen kräftigen Rückschnitt.
• Düngermangel führt rasch zu fahlgelbem Laub.

## Orange
*(Citrus sinensis)*

**Besonderheiten**
• Früchte reifen auch hierzulande zuckersüß aus.

**Vorlieben**
• Im Sommer in jedem Fall im Freien; bei Haltung unter Glas täglich brausen.
• Im Winter kühl: +3 bis +15 °C

**Probleme**
• Bei jüngeren Pflanzen können nicht alle Fruchtansätze ausreifen (Kraftaufwand): Fruchtfall ist normal.

## Kumquat
*(Fortunella)*

**Besonderheiten**
• Kleinwüchsig und kompakt
• Ungewöhnlicher Fruchtgenuss: Die Schale isst man mit .

**Vorlieben**
• Trotz langsamem Wachstums jede Woche einmal düngen (März-Oktober).
• Im Winter kühl: +3 bis +15 °C

**Probleme**
• Die Erntemenge schwankt von Jahr zu Jahr, kann ganz ausfallen.

## Limette
*(Citrus aurantiifolia)*

**Besonderheiten**
- Dichter Wuchs
- Kleinbleibend
- Die Fruchtschalen werden hierzulande gelb

**Vorlieben**
- Wärmbedürftiger
- Im Winter +8 °C bis + 18 °C

**Probleme**
- In den dichten Kronen bleiben Schädlinge länger unbemerkt: Regelmäßig kontrollieren.
- Bei warmem Stand im Winter nicht austrocknen lassen.

## Mandarine
*(Citrus reticulata)*

**Besonderheiten**
- Kompakter Wuchs dank kurzer Blattabstände
- Jährlich reicher Fruchtansatz

**Vorlieben**
- Sonnig, aber luftig ohne Hitzestau stellen
- Im Winter kühl: +3 bis +15 °C

**Probleme**
- Durch die dichten Kronen anfällig für Woll- und Schildläuse.

## Pomeranze
*(Citrus myrtifolia)*

**Besonderheiten**
- In vielen außergewöhnlichen Sorten erhältlich.

**Vorlieben**
- Sollten zwischen den Wassergaben leicht abtrocknen können: keine Untersetzer oder Übertöpfe verwenden.
- Im Winter kühl: +3 bis +15 °C

**Probleme**
- Zu viel Gießwasser führt zu Wurzelfäulnis (v. a. Winter).

# LORBEER

# EIN KLASSIKER MIT KARRIERE *LORBEER*

ER IST AUS KEINER PARKANLAGE, KEINEM SCHLOSSGARTEN UND KAUM EINER REPRÄSENTATIVEN FIRMEN-LOBBY WEGZUDENKEN: LORBEER IST SEIT JAHRHUNDERTEN EINE DER KÜBELPFLANZEN SCHLECHTHIN. KEIN WUNDER, DASS AUCH PRIVATGÄRTEN, VOR ALLEM SOLCHE IM MEDITERRANEN STIL, NICHT AN IHM VORBEIKOMMEN.

## IMMERGRÜN UND IMMER SCHÖN

Seine Wertschätzung sichert dem Lorbeer (Laurus nobilis) nicht allein seine Pflegeleichtigkeit, denn er verzeiht Pflegefehler mit nahezu unendlicher Geduld, sondern auch durch seine perfekte Form. Er steht ganzjährig in seinem tannengrünen, dunklen Anzug da, verliert weder Blätter noch Blütenreste – ganz zur Freude derjenigen, die für die Sauberkeit auf der Terrasse und im Winterquartier verantwortlich sind.

## DER KÜCHEN-CHEF

In vielen deftigen Fleischgerichten ist Lorbeer ein Grundgewürz. Statt getrockneter Blätter, die ärmer an Aroma sind, können Sie als Lorbeer-Besitzer zur täglich frischen Würze greifen. Denn als Spender des unverwechselbaren Geschmacks werden die Blätter ganz normaler Lorbeersträucher verwendet – keine speziellen Sorten oder Unterarten. Ernten Sie die Blätter immer ganz mit Stiel. Fein geschnitten, können sie sogar in den Speisen verbleiben, da die Stückchen, anders als getrocknete, harte Lorbeerblätter, weich kochen, und vor dem Servieren nicht herausgefischt werden müssen.

## (GROSS) + (ALT) = (KOSTSPIELIG)

Diese Gleichung hat beim Lorbeer seine Berechtigung, denn die Sträucher wachsen nur mäßig schnell. Hinzu kommt, dass der Produzent den Zuwachs jedes Jahr drastisch einkürzen muss, um kompakte, dichte Büsche oder Lorbeer-Stämmchen zu bekommen, die Sie als Kunde bevorzugen. Wenn Sie einen Blick zwischen das dichte Blattwerk eines schön gewachsenen Lorbeers werfen, kommen oft daumendicke Zweige zum Vorschein, die das wahre Alter verraten: Lorbeer-Stämmchen mit Stammdicken, die einer 2-Euro-Münze entsprechen, sind 8 – 10 Jahre alt. So gesehen, erscheint der vergleichsweise hohe Preis durchaus angemessen.

## WELCHE
### ANSPRÜCHE HAT LORBEER?

- Lorbeer kann, wie jede Kübel-pflanze blühen, aber man hält ihn in der Regel nicht wegen der kleinen, gelben Blütenpuschel, sondern als Blattschmuckpflan-ze; deshalb sollte die <u>Düngung</u> in erster Linie das <u>Laub- und Triebwachstum fördern.</u>
- Ein <u>stickstoffbetonter</u> Dünger leistet genau das; achten Sie auf eine Düngeformel, deren erster Wert „N" (= chemische Schreib-weise für Stickstoff) möglichst hoch ist.

## WAS
### BRAUCHE ICH?

- frische Kübelpflanzenerde mit ausgewogenem, mineralischem Anteil von 40 %
- Untersetzer
- Gießbrause mit weichem Wasserstrahl

## WIE
### VERSORGE ICH LORBEER AM BESTEN?

**An die Sonne gewöhnen**

- Nach dem Winterquartier kann es leicht zu <u>Sonnenbrand</u> mit unregelmäßigen, braunen Gewebeschäden kommen, wenn man ihn beim Ausräumen im April sofort sonnig stellt. Abhilfe: <u>mit Vlies abdecken.</u>
- Alternativ 7 – 10 Tage an einem <u>schattigen Platz</u> eingewöhnen. Lorbeer mag Schat-ten und Halbschatten genauso wie Sonne.

**Umpflanzen**

- Lorbeer kommt meist in kleinen, <u>stark durchwurzelten Gefäßen</u> in den Handel, die das neue Wachstum drosseln (Bonsai-Effekt).
- Deshalb ist es ratsam, neu erworbene Lorbeerpflanzen <u>gleich</u> in Töpfe mit drei bis fünf Zentimeter größerem Durchmes-ser <u>umzupflanzen.</u>

### KOSMOS
# SOFORTHELFER

Trocknet Lorbeer wiederholt zu stark aus, wirft er reichlich Blätter ab, bevorzugt im Kroneninneren. Der Neuaustrieb erfolgt in erster Linie an den Zweigenden, sodass sich kahle Stelle nur bedingt wieder begrünen. Deshalb hilft bei lichten Kronen ein radikaler Rückschnitt im Spätwinter. Lorbeer ist extrem schnittverträglich und treibt schnell und willig wieder aus.

### Hoher Wasserbedarf

- Lorbeerblätter sind zwar fest und dickhäutig, verdunsten aber im Sommer trotzdem reichlich Wasser, das täglich nachgeliefert werden sollte.
- Ein Untersetzer, in dem sich ein Wasservorrat sammelt, ist im Sommer keineswegs verboten, sondern von Vorteil.

### Staub abduschen

- Das Laub des Lorbeer ist starr und bewegt sich selbst bei Wind kaum; die Folge sind eine Menge Pollen und Staub, der sich ablagert, wenn es länger nicht regnet.
- Da die Staubschicht die Energiegewinnung (Fotosynthese) der Blätter hemmt, freut sich Lorbeer über eine regelmäßige sanfte Dusche mit handwarmem Wasser – auch im Winterquartier.

# SCHNEIDEN

## WANN
### WIRD GESCHNITTEN?

- Bei Lorbeerbüschen genügen in der Regel <u>zwei Rückschnitte</u> pro Jahr: einer im März und einer Ende <u>Juli.</u>
- Bei großen, alten, starkwüchsigen Büschen können <u>drei Schnitte</u> nötig sein: März, Juni, September.
- Auf die <u>Blütezeit</u> nimmt man dabei <u>keine Rücksicht,</u> da Lorbeer in erster Linie eine Blattschmuckpflanze ist.

## WAS
### BRAUCHE ICH?

- kräftige, scharfe Gartenschere oder Stecklingsschere
- Baumschere für dicke Äste: Ältere Lorbeerzweige sind hart!
- Korb, um die Blätter zu sammeln; sie lassen sich an einem schattigen, windigen Platz lufttrocknen und als Gewürz für die Wintermonate bevorraten.

## WIE
### SCHNEIDE ICH AM BESTEN?

**Blätter durchtrennen**

- Es würde zwar Zeit sparen, Lorbeer mit einer Heckenschere in Form zu schneiden, aber die <u>Schnittränder</u> durchtrennter Blätter trocknen nach und <u>hinterlassen braune Ränder,</u> die jahrelang bleiben, da ein Lorbeerblatt 2–3 Jahre alt wird, bevor es abfällt.
- Beim Schnitt Blätter nicht durchtrennen!

**Gezielter Schnitt**

- Stattdessen erfolgt der Schnitt von Hand mit einer Gartenschere gezielt über einem Blatt oder einer Blattknospe, auch Nodium oder Knoten genannt. Halten Sie <u>drei bis fünf Millimeter Abstand</u> vom Knoten.
- Durch diesen Schnitt <u>verhindern</u> Sie, dass „Kleiderhaken" entstehen.

**KOSMOS**
## SOFORTHELFER
Es ist durchaus möglich, aus dem Schnittgut Stecklinge zu generieren (bewurzelbare Triebstücke). Doch der Erfolg wird gemischt ausfallen, denn Lorbeerstecklinge bilden nur zögerlich Wurzeln. Und danach wachsen sie sehr langsam heran. Ein sichtbarer Wachstumsschub erfolgt erst ab dem 3. bis 4. Jahr. Haben Sie so viel Geduld?

### Stämme hoch halten

- Bei Lorbeerpflanzen, die als Stämmchen gezogen sind, werden alle Seitentriebe, die unterhalb der Krone sprießen, direkt am Stamm abgetrennt.
- Gleiches gilt für Sprosse, die sich aus der Erde schieben: Auch sie werden rückstandslos gekappt.

### Ausputzen

- Konsequent geschnitten, entwickelt Lorbeer sehr dichte Kronen, in denen Schädlingsherde lange unbemerkt bleiben können.
- Deshalb sollten Sie trockene Zweige und Blätter regelmäßig ausschneiden, um für „Sauberkeit und Ordnung" zu sorgen, die die Schädlingskontrolle erleichtern.

## WORAUF
### MUSS ICH ACHTEN?

- Immergrüne Pflanzen, zu denen der Lorbeer zählt, können empfindlich auf ölhaltige Spritzmittel reagieren, wenn sie während und in den Tagen nach der Behandlung sonnig stehen: die Blätter bekommen Brandflecken.
- Lorbeer zur Behandlung und bis zu zwei Wochen danach schattig stellen oder eine wolkenreiche Wetterphase abpassen.

## WAS
### BRAUCHE ICH?

- Fadenwürmer (Nematoden) gegen die Larven der Dickmaulrüssler oder Pflanzenschutzmittel wie Calypso, Careo gegen die Käfer selbst.
- Spritzmittel gegen Raupen, falls man sie nicht mechanisch absammeln möchte.
- Spritzmittel gegen Schildläuse, z. B. Promanal, Naturen, Lizetan
- Baumwachs

## WELCHE
### PROBLEME TRETEN AUF?

**Dickmaulrüssler**

- Die rund 1 cm langen Käfer mit dem markanten, langen Kopf („Rüssel") fressen unregelmäßige Buchten in die Blattränder; man sammelt sie ab.
- Gegen die Larven, die im Boden an den Wurzeln fressen, bringt man im Frühling und Herbst Nematoden (Fadenwürmer) mit dem Gießwasser aus: wirkt sehr gut!

**Raupen**

- Die ätherischen Öle in den Blättern des Lorbeers scheinen den Raupen diverser Falter zu munden. Sobald sie sich verpuppen und dazu die Blätter einrollen, zupft man die betroffenen Blätter ab und entsorgt sie. Es gibt nur wenige, für den Privatgarten zugelassene Pflanzenschutzmittel gegen Raupen.

KOSMOS

**SOFORTHELFER**

Lorbeer verträgt kurzfristigen Frost, jedoch keinen Dauerfrost über einen tage- oder wochenlangen Zeitraum. Deshalb ist in den meisten Regionen nördlich der Alpen außer in Weinbauregionen eine Überwinterung selbst mit dickem, isolierendem Winterschutz im Freien ein hohes Risiko. Die langlebigen, wertvollen Pflanzen in ungeheizten Räumen zu überwintern, ist die sichere Variante.

## Rindenverletzungen

- Eingerissene oder geplatzte Rinde ist für keine Pflanze ein Problem, da sie natürlicherweise von Wundgewebe (Kallus) mit einem Wulst überwachsen wird
- Zur Beschleunigung der Heilung schneidet man die Wundränder mit einem scharfen Messer glatt und streicht Baumwachs darüber.

## Schild- und Wollläuse

- Braune Deckelschildläuse tarnen sich, angeschmiegt an die rötlichen Blattrippen oder braune Rinde, hervorragend; deshalb: kritisch nachschauen und nicht erst reagieren, wenn die Blätter mit herabtropfenden Zuckersaft und schwarzem Pilzrasen überzogen sind.
- Leere Schildlausdeckel 2 – 3 Wochen nach einer Behandlung mit Pflanzenschutzmitteln abreiben.

**DIE**

**12**

SCHNELLSTEN
ANTWORTEN

# DIE STÄMMCHEN

# KUGELRUND UND GERTENSCHLANK

*HOCHSTÄMMCHEN*

ALS „STÄMMCHEN" BEZEICHNET MAN KEINE BESTIMMTE PFLANZENART, SONDERN EINE ERZIEHUNGSFORM. DABEI WERDEN DIE KRONEN DIVERSER STRAUCHARTEN BALLRUND GESCHNITTEN UND AUF EINEM EINZELNEN, GERADEN STAMM ERZOGEN. VON EINEM FUSSSTÄMMCHEN SPRICHT MAN, WENN DER STAMM SEHR NIEDRIG IST (CA. 10–30 CM), VON EINEM HALBSTAMM BEI CA. 40–100 CM STAMMLÄNGE UND VON HOCHSTÄMMCHEN DARÜBER. EINE EINHEITLICHE DEFINITION FÜR DIE STAMMLÄNGE GIBT ES IN DER WELT DER KÜBELPFLANZEN LEIDER NICHT, SO DASS DIE ANGABEN IM FACHHANDEL SEHR UNTERSCHIEDLICH AUSFALLEN KÖNNEN.

## SCHÖNHEIT HAT IHREN PREIS

Stämmchen erfreuen sich großer Beliebtheit, weil sie kompakt und kleinwüchsig sind. Die Erziehung und der Erhalt der Kugelkronen ist aber nur durch konsequenten Schnitt alle vier bis sechs Wochen möglich. Das macht diese Unikate in der Produktion aufwändig – und im Verkauf teurer. Zudem sollte, wer Scheu vor der Schere hat, lieber bei der natürlichen Wuchsform der jeweiligen Art bleiben (z. B. mehrtriebig als Strauch). Denn bei blühenden Stämmchen ist der Rückschnitt eine Gratwanderung zwischen perfekter Form und Blütenreichtum. In voller Blüte geraten viele Exemplare bereits massiv aus der Form. Was ist zu tun? Die Lösung: Schneiden Sie, wann immer es die Silhouette erfordert. Jeder Schnitt regt Ihr Stämmchen zu neuen Seitenzweigen sowie Blütenknospen an und steht kurz darauf bereits wieder in (voller) Blüte.

## SINN ODER UNSINN?

Am besten als Stämmchen geeignet sind schwachwüchsige Pflanzen wie Zier-Granatäpfel (Punica granatum 'Nana'). Mit mittelkräftigen Vertretern wie den Vanilleblumen (Heliotropium) oder Margeriten (Argyranthemum) kommen die meisten Kübelpflanzen-Fans (noch) gut klar. Starkwüchsige Arten wie Bleiwurz (Plumbago), Enzianstrauch (Lycianthes) oder Prinzessinnenblume (Tibouchina) dagegen fordern ihre Besitzer als Fuß-, Halb- oder Hochstämmchen zu häufigen Schnitt-Terminen heraus.

## WORAUF
### SOLLTE MAN ACHTEN?

- Die dichten Kronen der Stämm-chen schirmen die Gefäße, in denen sie wachsen, nahezu vollständig ab: Regentropfen werden größtenteils über den Topfrand hinaus abgeleitet.
- Deshalb ist selbst nach Regenfällen im Sommer eine tägliche Kontrolle der Erdfeuchte Pflicht. Gießen Sie stets so viel, dass die Erde bis zum Topfgrund satt durchfeuchtet wird.

## WAS
### BRAUCHE ICH?

- Bambusstäbe zum Stützen dünner Stämme
- mit Kunststoff ummantelter Pflanzendraht oder dehnbare Schnüre/Seile, die mit dem Dickenwachstum der Stämme nachgeben
- je nach Wunsch Sommerblumen zur Unterpflanzung
- Steine zum Beschweren

## WIE
### VERSORGE ICH HOCHSTÄMMCHEN AM BESTEN?

**Stützen**

- Je nach Pflanzenart fällt die Stammdicke unterschiedlich aus; um Brüche zu vermeiden, dünne „Füße" vorsorglich stäben.
- Schneiden Sie dazu einen Bambusstab auf das Längenmaß vom Topfboden bis zum Kronenansatz zu; Stab so weit wie möglich in die Erde stecken und den Stamm daran festbinden oder andrahten.

**Befreien**

- Ist Ihr frisch gekauftes Stämmchen bereits an einem Stützstab fixiert, bitte prüfen, ob die Bindung zu eng ist.
- Zu stramme Drähte oder Seile werden gelockert oder ersetzt und überflüssige Fixierungen entfernt; denn unter Bändern, Drähten und Schnüren siedeln sich sehr gern, gut versteckt, Schädlinge an.

KOSMOS
## SOFORTHELFER

Bricht ein ungesichertes Stämmchen ab, ist das nicht das Ende. Selbst ein kurzes Stammstück ohne Zweige und Blätter ist in der Lage, neu auszutreiben, denn die Wurzeln sind intakt und voller Wachstumskraft. Allerdings muss man mit der Erziehung des Stämmchens ganz von vorne beginnen (siehe nächste Seite).

### Unterpflanzen

- Höhere Stämmchen sehen von unten „nackt" aus. Abhilfe: eine Unterpflanzung <u>mit einjährigen Sommerblumen</u> oder <u>mit langlebigen Bodendeckern,</u> die ähnliche Überwinterungsansprüche haben.
- Topfen Sie das Stämmchen dazu in ein größeres Gefäß, in dem die <u>Wurzeln</u> der Unterpflanzung <u>Platz haben.</u>

### Windsicherung

- Stämmchen bieten Windböen eine gute Angriffsfläche, da die Krone dicht ist. Zur Sicherung vor Windwurf <u>beschwert</u> man <u>die Töpfe</u> mit großen <u>Kieselsteinen</u> oder füllt die Übertöpfe mit Kies auf.
- Alternativ <u>bindet</u> man Stämmchen an Geländerpfosten, Balkonstreben oder Tischbeinen <u>fest.</u>

# STÄMMCHEN SELBER ZIEHEN

## WELCHE
### PFLANZEN SIND GEEIGNET?

- Wer aus einem Strauch in Eigenregie ein Stämmchen formen möchte, muss ganz klein anfangen: mit einer Jungpflanze oder mit einem sehr schlank gewachsenen Strauch.
- Dieser sollte einen, möglichst geraden Mitteltrieb haben, den man als künftigen „Stamm" definiert.

## WAS
### BRAUCHE ICH?

- Gartenschere
- Stützstab
- Pflanzendraht
- Geduld: ein Stämmchen braucht drei Jahre und länger, bis die Rundkronen eine dichte Silhouette bekommen.

## WIE
### GEHT DAS AM BESTEN?

**Regelmäßiger Schnitt**

- Mit dem untersten Zweig, den Sie stehen lassen, definieren Sie (fast) unveränderlich die Länge des Stamms; alle Zweige, die unterhalb dieses gewählten Kronenansatzes entspringen, werden direkt am Stamm abgetrennt.

- Wenn die Kronentriebe ca. 5–10 cm in die Länge gewachsen ist, kürzt man sie um die Hälfte ein: mit der Schere kappen oder mit den Fingerspitzen abkneifen.
- Dadurch bilden sich immer mehr Verzweigungen, deren Enden man ebenfalls alle drei bis sechs Wochen entspitzt.

### KOSMOS
## SOFORTHELFER

Die Stammlänge ist vorgegeben und nur schwer zu verändern. Sie müssten den Kronenansatz langsam in die Höhe treiben, indem Sie unten Zweige entfernen, während sich oben neue bilden. Oft ist aber kein gerader Mitteltrieb vorhanden, der als Stammverlängerung dienen könnte. Dadurch weisen umgestaltete Stämmchen unschöne Knickstellen oder Windungen auf.

## Gerader Wuchs

- Ein Stützstab und mehrere Bindungen garantieren, dass der Stamm von Anfang an gerade wächst.
- Der Stützstab verhindert auch, dass das Hochstämmchen umknickt.

## Laufende Pflege

- Mit den Monaten und Jahren wird die Krone immer dichter; behalten Sie den Schnitt der Triebspitzen dauerhaft bei, damit die Kugelform erhalten bleibt, während der Durchmesser stetig zunimmt und der Stamm dicker – aber nicht länger! – wird.
- Alle Seitentriebe, die unterhalb der Krone neu aus dem Stamm sprießen, werden laufend entfernt, ebenso welke Blüten.

## WORAUF
### MUSS ICH ACHTEN?

• Mit ihrem dichten Wuchs sehen Stämmchen zwar schön aus, das „Dickicht" im Kroneninneren kann jedoch zum Eldorado für Schädlinge werden. Schildläuse siedeln sich gern zwischen verklebten Blättern an oder sitzen auf schwer einsehbaren Zweigen.
• Ein wöchentlicher Kontrollblick ins Kroneninnere beugt Überraschungen vor und ermöglicht eine zeitnahe Bekämpfung, solange die Schädlingskolonien noch klein sind.

## WAS
### BRAUCHE ICH?

• Bevor Sie ein Pflanzenschutzmittel anwenden, sollten Sie den Schädlingstyp genau bestimmen oder fachlichen Rat zur Bestimmung suchen.
• Sprühen Sie die Pflanzenschutzlösung mit Hilfe einer Sprühflasche auf die Pflanze, bis alles tropfnass ist und alle Zweige, Rinde und Blätter flächig benetzt werden.

## WELCHE
### PROBLEME TRETEN AUF?

**Bodentriebe entfernen**

• Da viele Pflanzenarten, aus denen Stämmchen erzogen werden, von Natur aus eigentlich strauchartig wachsen, bilden die Wurzeln immer wieder neue Triebe aus dem Boden heraus; diese entfernt man zeitnah, da sie die Pflanze unnötig Kraft kosten und den optischen Eindruck stören.

**Zusätzlich düngen**

• Der permanente Rückschnitt kostet Kraft, die Sie durch Dünger ausgleichen sollten, sonst droht Chlorose, eine Gelbfärbung der Blätter, sowie ein Wachstums- und Blühstopp. Düngen Sie nach jedem Rückschnitt sowie von März bis September jede Woche einmal mit einem Flüssigdünger für blühende Kübelpflanzen.

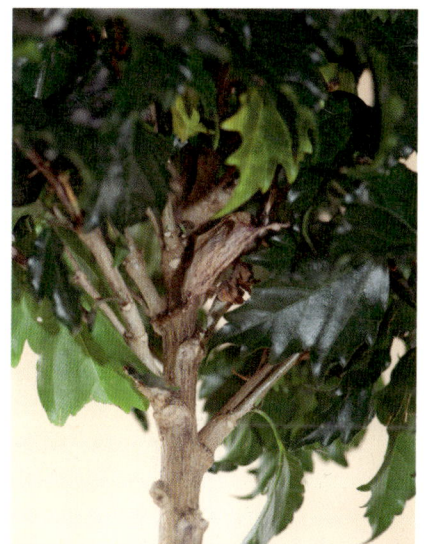

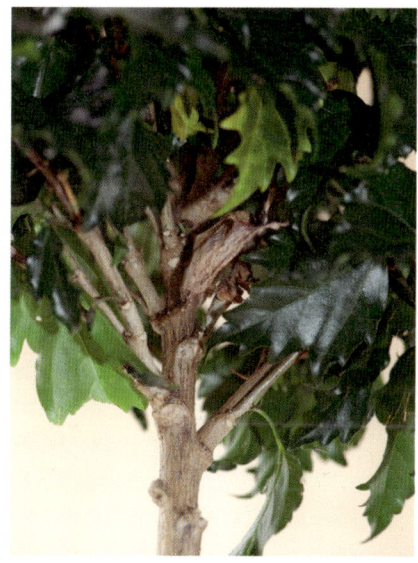

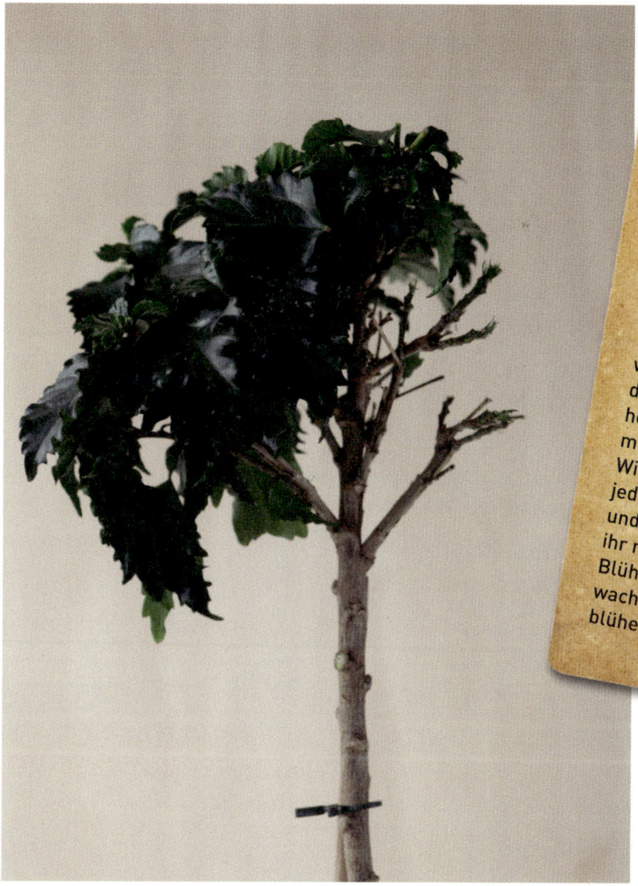

KOSMOS

**SOFORTHELFER**

Damit Hochstämmchen noch kompakter wachsen und sehr jung blühen, werden sie in vielen Produktionsgärtnereien mit hormonellen Stauchungsmitteln behandelt. Deren Wirkung lässt jedoch mit jeder Woche mehr nach und die Pflanzen kehren in ihr natürliches Wuchs- und Blühverhalten zurück: sie wachsen schneller und blühen weniger.

**Schädlinge und Krankheiten**

- Wer die dichten Kronen regelmäßig von welken und alten Blättern und abgestorbenen Zweigen säubert, beugt vor, da sich dort Schädlinge gern verstecken.
- Je nach Pflanzenart können unterschiedliche Schädlinge auftreten. Hier hilft nur eine individuelle Diagnose durch einen Pflanzenfachmann.

**Asymmetrische Kronen korrigieren**

- Hat ein Stämmchen einseitig Äste eingebüßt, schneidet man die Bruchstellen sofort nach, denn glatte Schnittwunden heilen schneller als ausgefranste.
- Für eine drastische Formkorrektur sollten Sie jedoch bis zum Spätwinter warten; dann sind kräftige Rückschnitte erlaubt, die die Krone verkleinern und neu aufbauen.

## Prinzessinnenblume
*(Tibouchina)*

**Besonderheiten**
- Attraktive, violette Blüten
- Samtweich behaartes Laub

**Vorlieben**
- Zu viel Sonne führt zu Sonnen-
  brand (Flecken).
- Im Winter +10 bis +15 °C

**Probleme**
- Kommt gestaucht in den
  Handel: Wenn die Pflanzen-
  hormone nicht mehr wirken,
  drosselt nur monatlicher
  Rückschnitt bis Juni/Juli das
  Längenwachstum.

## Strauch-Margerite
*(Argyranthemum)*

**Besonderheiten**
- Dauerblüher spät im Jahr
- Weiß-gelbe „Spiegeleiblüten"

**Vorlieben**
- Vollsonnig, darf aber nicht
  austrocknen.

**Probleme**
- Wählt man den Topf zu groß,
  droht Staunässegefahr mit
  Wurzelfäulnis.
- Eine erfolgreiche Überwinterung ist schwierig; wenn
  gewünscht hell bei +3 bis
  +10 °C.

## Fuchsie
*(Fuchsia)*

**Besonderheiten**
- Ein- oder zweifarbige, elegan-
  te Blütenröckchen

**Vorlieben**
- im Sommer halbschattig bis
  schattig stellen.
- Im Winter +5 bis +15 °C

**Probleme**
- Zu viel Sonne bzw. Hitze schadet den Wurzeln.
- Gestresste Pflanzen sind
  anfällig für Weiße Fliege.

# Enzianstrauch
*(Lycianthes)*

**Besonderheiten**
- Robuster Dauerblüher

**Vorlieben**
- Sonnige Lagen ideal; zu wenig Sonne kann den Blütenreichtum schmälern.
- Im Winter +5 bis +10 °C

**Probleme**
- Rascher Zuwachs macht häufigen Rückschnitt nötig (alle 4 – 6 Wochen).
- Anfällig für Schädlinge wie Blattläuse, Weiße Fliegen

# Vanilleblume
*(Heliotropium)*

**Besonderheiten**
- Intensiv duftende Blüten
- Attraktive Belaubung

**Vorlieben**
- Halbschattig
- Zu viel Sonne kann zu Blattverbrennungen führen.
- Im Winter +5 bis +10 °C

**Probleme**
- Ölhaltige Pflanzenschutzmittel erst an Einzelblättern testen: Unverträglichkeiten möglich.

# Gewürzrinde
*(Cassia)*

**Besonderheiten**
- Dauerblüher mit sonnengelben Blüten

**Vorlieben**
- Vollsonnig
- Nicht austrocknen lassen.
- Im Winter +5 bis +10 °C

**Probleme**
- Starker Wuchs macht häufigen Schnitt nötig.
- Schwierig zu überwintern (v.a. Cassia didymobotrya), da empfindliche Wurzeln

# KLETTER-
# PFLANZEN

DIE
12
SCHNELLSTEN
ANTWORTEN

# HOCH HINAUS _KLETTERPFLANZEN_

KLETTERPFLANZEN SETZEN EIN JANUS-GESICHT AUF: AUF DER EINEN SEITE SIND SIE BELIEBT, WEIL SIE SCHNELL WACHSEN UND SICHTSCHUTZ BIETEN. AUF DER ANDEREN SEITE WACHSEN SIE EINEM LEICHT ÜBER DEN KOPF. MIT DEM PASSEN-DEN RANKGERÜST ABER, UND EINER STRENGEN HAND BEIM RÜCKSCHNITT, FIN-DET JEDER DAS IDEALE GLEICHGEWICHT, UM SICH JAHRELANG AN DEN RANKERN, SCHLINGERN ODER KLIMMERN ZU ERFREUEN.

## DIE BESTE BASIS

Bei Kübelpflanzen sollte die Kletterhilfe stets IM Topf verankert sein und nicht daneben an der Hauswand. Denn nur so bleibt Ihr grünes Gitter jederzeit mobil, damit Sie es im Frühjahr und Herbst mühelos ein- oder ausräumen können. An stationären Gerüsten sind Sie dagegen gezwungen, die Pflanzen zeitaufwändig abzuwickeln oder jedes Jahr drastisch zurückzuschneiden. Guten Halt haben mobile Klettergerüste mit möglichst langen Stahlstiften, die man tief in die Topferde drücken kann. Zusätzliche Stabilität geben zwei Seile, mit denen man das obere Ende der Kletterhilfe in den beiden Henkeln des Topfes abspannt.

## ABSTAND HALTEN

Obwohl viele Kletterpflanzen sehr gern sonnig stehen, gibt es zwei Einschränkungen. Stehen sie zu nah an einer besonnten Hauswand, staut sich die Hitze und stresst die Pflanzen. Deshalb: Mindestens 30 cm, besser 50 cm Abstand von der Wand halten. Wachsen Ihre Schützlinge in dunklen, z. B. schwarzen Töpfen, heizen sich diese in der Sonne besonders stark und schnell auf. Bei hohen Temperaturen aber arbeiten die Wurzeln nicht mehr richtig, nehmen nur wenig Wasser und Nährstoffe auf. Die Folge sind Mangelerscheinungen, obwohl Sie die Erde gut feucht halten und wöchentlich düngen.

## FLACH GELEGT UND AUFGEHÄNGT

Kletterpflanzen eignen sich nicht nur zur vertikalen Begrünung, sondern ebenso gut als Bodendecker. Solange ihre Triebe keine Möglichkeit finden, nach oben zu wachsen, legen sie sich flach auf den Boden – eine interessante Alternative im Topfgarten. Ebenso kann man Kletterpflanzen zu Hängepflanzen umziehen, indem man sie eines Rankgerüsts beraubt und hochhängt. Dann bleibt den Trieben gar nichts anderes übrig, als herabzuhängen, denn sie sind zu dünn, um sich selbst zu tragen wie die Zweige eines Strauchs oder Baums.

# WELCHE
## ANSPRÜCHE HABEN SIE?

- Je nach Art sind die Ansprüche sehr unterschiedlich.
- Kontrollieren Sie die Pflanzen regelmäßig auf Schädlinge.
- Bei frisch gekauften Pflanzen nach Erhalt prüfen, ob gegossen werden muss.

# WAS
## BRAUCHE ICH?

- eine stabile Verankerung mit langen Stiften zum Eindrücken in die Erde oder Befestigungskrempen am Topfrand
- Engmaschige „Kaninchendraht"-Gitter nur für dünntriebige Kletterer wie Passionsblumen.
- Mittlere Maschenweiten (5 × 5 – 10 × 10 cm) für Kletterpflanzen, die sich mit Stacheln einhaken wie Bougainvilleen und für solche, die gerade Triebe bilden, die man regelmäßig anbindet wie Tecomaria oder Podranea.
- Weite Maschen ab 10 × 10 cm für alle schlingenden Pflanzen, da man ihre biegsamen Triebe durch die Maschen ziehen und wickeln kann wie Pandorea, Stephanotis.

# WIE
## VERSORGE ICH KLETTERPFLANZEN AM BESTEN?

**Viele Blätter = viel Wasser**

- Mit ihrem dichten Blattwerk verdunsten Kletterpflanzen an sonnigen Plätzen jede Menge Wasser und brauchen im Sommer meist jeden Tag Nachschub.
- Es ist nicht schädlich, sondern sogar vorteilhaft, wenn Sie Ihre Exemplare in einen Untersetzer oder Übertopf stellen, der einen kleinen Wasservorrat fasst.

**Lenken & Leiten**

- Am einfachsten lassen sich schlingende Kletterer (z. B. Stephanotis, die Kranzschlinge) bändigen, indem man sie alle drei bis vier Wochen durch die Maschen schlingt.
- Achten Sie dabei auf die natürliche Drehrichtung der Triebe und wickeln Sie nicht dagegen, sonst brechen die Triebe.

**KOSMOS**

## SOFORTHELFER

Billig ist riskant: Bei Kletterpflanzen vom Lebensmittel-Discounter handelt es sich oft um wenige Wochen alte, kaum bewurzelte Stecklinge, um deren Überlebenschancen es nicht zum Besten steht. Gut bewurzelte, ältere Pflanzen aus einer Gärtnerei haben deutlich höhere Anwachschancen, aber eben auch einen angemessen höheren Preis.

## Fixieren

- Wichtig: Verwenden Sie zum Fixieren mit Kunststoff ummantelten Draht; binden Sie ihn so locker, dass er hält, aber die Triebe nicht einschneidet.
- Kletterer mit aufrechten Trieben (z. B. Tecomaria) drahtet man immer dann wieder am Rankgerüst an, wenn 30–50 cm Länge hinzugekommen sind.

## Ausputzen

- Beim Wickeln oder Anbinden passiert es, dass man Blätter quetscht oder bricht; wenn diese absterben, liest man sie heraus. Mit dem Fortschreiten des Sommers zeigen die Blätter ganz natürliche Alterserscheinungen; was gelb wird, zupft man ab.
- Bleiben welke Blüten nach dem Abfallen im Blattwerk hängen, sammelt man sie ab, bevor sie matschig oder zur Keimzelle für Schädlinge werden.

# SCHNEIDEN

## WANN
### WIRD GESCHNITTEN?

- Bei Kletterpflanzen können Sie rein gar nichts falsch machen und bringen sich durch einen Rückschnitt keinesfalls um alle Blüten. Im Gegenteil: Indem der Schnitt das Wachstum der Triebe bremst, lenkt er mehr Energie in die Blütenbildung.
- Zudem gehen aus einem gekappten Trieb zumeist mehrere Verzweigungen hervor, die Ihre Pflanze umso dichter halten und mehr Optionen für Blüten bieten.

## WAS
### BRAUCHE ICH?

- Da die meisten Kletterer dünne Zweige haben, genügt eine scharfe Schere mit schmalen Klingen, z. B. eine Stecklingsschere.
- Nur bei dicktriebigen Arten wie der Trompetenblume (Tecomaria) sind kräftige Gartenscheren nötig.
- Pflanzendraht, da sich durch den Schnitt kurze Triebe vom Spalier lösen und neu festgebunden werden müssen.

## WIE
### SCHNEIDE ICH AM BESTEN?

**Rückschnitt**

- Wenn die Pflanze zu groß geworden ist, dürfen Sie ihn am Ende des Winters (März/April) radikal stutzen; es genügt, wenn rund 30 cm Trieblänge verbleiben.
- Wenn trotz des etwa monatlichen Wickelns und Anbindens die Triebe zu lang werden, ist jederzeit leichtes Einkürzen (um 20–30 cm) erlaubt.

**Stutzen**

- Setzen Sie die Schere stets 2–3 mm oberhalb eines Blatts an.
- Stielreste würden nur stören, verspätet eintrocknen und einen Keimherd für Krankheiten oder Schädlinge bilden.
- Da aus den Trieben Pflanzensaft austritt, sollten Sie das Schneidewerkzeug nach dem Gebrauch gründlich reinigen.

*KOSMOS*
**SOFORTHELFER**

Wenn beim Wickeln ein Trieb knickt, aber die Rinde nicht reißt, bestehen gute Heilungschancen. Dazu den Trieb aufrichten, damit die Knickstelle vollständig aufgeklappt wird und der Saftfluss im Gewebe ungehindert erfolgt. Damit der Trieb nicht wieder knickt, bindet man ihn ans Klettergerüst oder schient ihn mit Hilfe eines kurzen Stücks Bambusstabs und Pflanzendraht.

### Stäben

- Radikal gekürzt wartet die Pflanze auf die neue Wachstumssaison. So geschnitten braucht sie im Winterquartier weniger Platz und ist leichter auf Schädlinge zu kontrollieren.
- Allerdings dauert es im nächsten Jahr länger bis zum Blütenstart, da die Pflanzen zuerst Grünmasse entwickeln.

### Vermehren

- Das Schnittgut können Sie nutzen, um es in Erde zu bewurzeln (Stecklinge) und Gratis-Nachwuchs heranzuziehen.

# PROBLEME

## WORAUF
### MUSS ICH ACHTEN?

- Kletterpflanzen sind generell nicht anfälliger für Schädlinge als Sträucher; aber in ihrem dichten Blattwerk bleiben viele Tiere länger unentdeckt.
- Je später man eine Schädlingspopulation bekämpft, umso größer ist die Gefahr, dass man nicht alle Tiere erwischt und eine Zweitbehandlung nötig wird.
- Kontrollieren Sie möglichst jede Woche, um Schädlinge frühzeitig zu entdecken.

## WAS
### BRAUCHE ICH?

- Einfache Lese-Lupe, um winzige Schädlinge wie Spinnmilben zu entdecken.
- Gelbtafeln fangen fliegende Schädlinge wie Weiße Fliege ein und machen einen Befall sichtbar, lange bevor man ihn im dichten Blattwerk der Kletterer entdeckt.
- Prophylaktischer Pflanzenschutz bringt nichts, da die Wirkstoffe schnell abgebaut werden. Erst Spritzen, wenn sich Schädlinge zeigen.

## WELCHE
### PROBLEME TRETEN AUF?

**Spinnmilben**

- Die winzig kleinen Spinnentiere sind ein typischer Sommerschädling, der bei Hitze und Trockenheit (Luft wie Erde) auftritt, sich binnen weniger Tage tausendfach vermehrt und die Blätter weiß gepunktet aussehen lässt.
- Es helfen nur Akarizide; der Fachhandel berät Sie.

**Blattläuse**

- Die kleinen grünen, schwarzen oder braunen Insekten sitzen bevorzugt an den jungen Blättern; da sich diese bei Kletterpflanzen überall befinden, kann der Ansturm zuweilen „ganzflächig" sein.
- Der Fachhandel bietet eine große Anzahl an Produkten gegen Blattläuse.

### KOSMOS
## SOFORTHELFER

Damit Pflanzenschutzmittel nicht schädigen, geben die Hersteller eine Wartezeit ein, bevor man erneut spritzen sollte. Wendet man ein Mittel zu oft hintereinander an, können resistente Schädlinge bleiben, denen das Mittel nichts mehr anhat. Dann hilft nur ein Wechsel des Wirkstoffs. Mit „sanften" Mitteln wie die Spiritus-Schmierseifen-Lösung lässt sich die Wartezeit überbrücken.

### Schnecken

- Schnecken schrecken vor so gut wie keiner Pflanzenart zurück und fressen in einer Nacht Dutzende Blätter an.
- Da die Weichtiere dämmerungs- und nachtaktiv sind, kann man sie im Schein einer Taschenlampe regelmäßig absammeln und aus dem Topfgarten verbannen.

### Nässe und Staunässe

- Stirbt eine Kletterpflanze im Winterquartier langsam von den Triebspitzen her ab, ist weder Lichtmangel noch Kälte Schuld: Sie gießen zu viel!
- Kann die Erde zwischen den Gießgaben nicht abtrocknen (**nicht** austrocknen!) faulen die Wurzeln; die Versorgung stockt und die Pflanze verliert Triebmasse.

# DIE SCHÖNSTEN ARTEN

## Passionsblume
*(Passiflora)*

**Besonderheiten**
- Herrlich exotische Blüten;
- Essbare Früchte (Maracuja)

**Vorlieben**
- Gern sonnig, aber nicht heiß: gut belüftete, offene Plätze auf der Terrasse.
- Im Winter je nach Art +5 bis +20 °C

**Probleme**
- Ist die Erde wiederholt zu trocken, steigt die Gefahr von Spinnmilben rapide an.
- Wurzelfäule bei Nässe

## Bleiwurz
*(Plumbago auriculata)*

**Besonderheiten**
- Blüht mehrere Monate in Blau oder Weiß ('Alba').

**Vorlieben**
- Steht gern sonnig bis halbschattig bei stets feuchter Erde.
- Winter +5 bis +15 °C

**Probleme**
- Starker Wuchs und lange Blütezeit fordern zuverlässige Nährstoffgaben, sonst Fahlfärbung/Blütenstopp.

## Jasmin
*(Jasminum officinalis)*

**Besonderheiten**
- Intensiver Blütenduft
- Wächst zügig: Gute Sichtschutzpflanze

**Vorlieben**
- Sonnig bis halbschattig
- Winter +3 bis +15 °C

**Probleme**
- Wirft im Winter meist sehr spät (März/April) die Blätter ab und treibt spät aus. Abhilfe: Blätter im Februar abzupfen, um Neutrieb zu forcieren.

## Laubenwein
*(Pandorea jasminoides)*

### Besonderheiten
- Immergrün, dichter Wuchs
- Große Trompetenblüten

### Vorlieben
- Fühlt sich überall wohl, solange die Erde feucht bleibt.
- Winter +3 bis +15 °C

### Probleme
- Da sich die Triebe eng um die Stützstäbe schmiegen, besteht Schildlaus-Gefahr.
- Im Winter sehr hell stellen.

## Sternjasmin
*(Trachelospermum jasminoides)*

### Besonderheiten
- Mehrmonatige Blütezeit
- Immergrün; intensiv duftend
- Langsam-, aber dichtwüchsig

### Vorlieben
- Von Sonne bis Schatten ist alles möglich.
- Winter -5 bis +15 °C

### Probleme
- Im dichten Blattwerk auf Schildläuse achten

## Wein
*(Vitis vinifera)*

### Besonderheiten
- Trägt auch im Topf süße Beeren (Weintrauben)
- Mit alten, knorrigen Stämmen erhältlich

### Vorlieben
- Vollsonnig
- Nicht austrocknen lassen
- Winter frostfrei bis +3 °C

### Probleme
- Pilzerkrankungen (z. B. Mehltau) auf den Blättern, wenn die Pflanze in Stress gerät.

# PALMEN

DIE
15
SCHNELLSTEN
ANTWORTEN

# ALLES PALME ODER WAS? _PALMEN_

FÜR VIELE TOPFGARTEN-FANS IST PALME GLEICH PALME. DOCH ES GIBT ERHEB-
LICHE UNTERSCHIEDE – EIN VORTEIL, WENN SIE DIESE VOR DER KAUFENTSCHEI-
DUNG KENNEN. DENN JE NACH IHRER HERKUNFT MÖCHTE DIE EINE PALMENART
ZIMMERWARM ÜBERWINTERN WIE DIE FLASCHENPALME ODER MEISTERT SELBST
FROST WIE DIE HANFPALME. MANCHE WACHSEN EINSTÄMMIG WIE DIE GELEEPALME,
ANDERE MEHRSTÄMMIG WIE DIE ZWERGPALME, LANGSAM WIE DER PALMFARN ODER
SEHR SCHNELL WIE DIE PETTICOATPALME, BEANSPRUCHEN VIEL PLATZ WIE DIE
DATTELPALME ODER WENIGER GRUNDFLÄCHE WIE DIE FEUERPALME.

## KEIN SCHNITT MÖGLICH

Palmen haben nur einen einzigen Wachstumspunkt, der an der Stammspitze sitzt. Kappt man den Stamm, ist
ein weiteres Wachstum unmöglich. Deshalb ist ein Rückschnitt wie bei Sträuchern ausgeschlossen und man
muss, da Palmen Zeit ihres Lebens wachsen, wenn sie gesund bleiben, ihre Endhöhe von Anfang an einplanen.

## NUR KEINE EILE

Palmen sind träge Wesen mit einer langen Reaktionszeit. Geht es ihnen schlecht, zeigen sie das erst nach
Wochen, oft Monaten an. Gleichermaßen langwierig ist die Erholungsphase. Selbst wenn Sie Pflegefehler wie zu
geringe Wassergaben oder einen zu sonnigen Standort beheben, wird Ihre Palme nicht in der nächsten Woche
wieder perfekt dastehen. Schäden wachsen nur langsam heraus, da Palmen pro Jahr nicht viele neue Wedel
bilden. Deshalb braucht man bei Palmen vor allem eines: Geduld.

## VERKANNTE TROCKENKÜNSTLER

„Palmen sind Wüstenbewohner, ergo brauchen Sie kein Wasser": diese These hat schon viel zu viele Palmen
das Leben gekostet, denn sie sind keineswegs so anspruchslos wie es scheint. Palmen kommen in der Wüste in
Oasen vor oder zapfen mit ihren extrem tiefen Wurzeln Grundwasser führende Schichten an. „Auf dem Trocke-
nen" wachsen sie nie und brauchen auch als Kübelpflanzen sehr regelmäßigen Wassernachschub!

# ERSTE PFLEGE

## WANN

### TOPFT MAN PALMEN UM?

- Palmen haben die schlechte An-
gewohnheit, sich mit ihren kräftigen Wurzeln aus den Gefäßen
empor zu schieben. Dattelpalmen
sind Meister darin: sie schaffen
pro Jahr bis zu 20 cm!
- Pflanzen Sie Palmen deshalb
in möglichst hohe Töpfe, die
zusätzlich eine breite Standfläche
als Windschutz haben, da Palmen
hoch und ihre Stämme schwer
werden.

## WAS

### BRAUCHE ICH?

- neues, möglichst hohes
Kunststoffgefäß. Die kräftigen
Palmenwurzeln können Tontöpfe
sprengen.
- Gartenschlauch oder Gießkanne
- Gartenschere, um Stacheln an
den Blattstielen abzuschnei-
den, die eine Verletzungsgefahr
bergen. Einmal abgeschnitten,
wachsen die Stacheln nicht nach.

## WIE

### VERSORGE ICH PALMEN AM BESTEN?

**In lockere Erde topfen**

- Palmen bevorzugen ein durchlässiges
Pflanzsubstrat mit einem Anteil von mind.
40 % mineralischer Substanzen wie Blähton, Lavagrus oder Ton.
- Palmenwurzeln klemmen sich im Topf
regelrecht fest; leichter lassen sie sich
lösen, wenn man den Ballen zuvor kräftig
gießt und dadurch aufweicht.

**Immer wieder viel gießen**

- Palmen lieben Wechselbäder. Reichlich
gießen, damit die Erde von oben bis unten
satt durchtränkt wird.
- Je nach Sonnenintensität lässt man
Palmen danach ein bis mehrere Tage gut
abtrocknen, bevor man sie erneut tränkt
So bleibt die Sauerstoffversorgung der
Wurzeln garantiert.

KOSMOS
## SOFORTHELFER
Natürlicherweise entledigen sich Palmen ihrer Wedel erst, wenn diese völlig eingetrocknet sind (viele bleiben auch trocken am Stamm haften). In Kultur sollte man deshalb ebenfalls warten, bis alles Grün abgezogen ist und die Wedel vollkommen trocken und gelb oder braun geworden sind. Trennt man noch grüne Wedel ab, raubt man den Palmen Energie.

### Qualitätstest

- Sitzt das innerste, jüngste Palmenblatt, das meist noch zusammengefaltet ist, fest, wenn man vorsichtig daran zieht, ist das „Herz" der Palme gesund.
- Frisch importierte Palmen werden billigst angeboten; sie sind oft unbewurzelt in Töpfe gesteckt. Einfacher Test: Wackelt der Stamm, ist er nicht angewachsen.

### Schutz vor Sonnenbrand

- Nach dem Winter im Haus ist Ihre Palme nicht mehr an Sonne gewöhnt: sie fängt sich einen Sonnenbrand ein, wenn sie im April/Mai sofort vollsonnig steht.
- Deshalb die ersten sieben bis zehn Tage nach dem Ausräumen ins Freie halbschattig stellen oder schattieren, in der einfachsten Form mit einem Regenschirm.

## WIE
### SIND PALMEN EINZUSCHÄTZEN?

- Im Vergleich zu vielen strauchigen oder kletternden Kübelpflanzen machen Palmen generell wenig Ärger, was Schädlinge oder mechanische Schäden anbelangt.
- Obwohl die robuste Natur von Palmen auch ihre Grenzen hat, sind Palmen hervorragende Einsteigerpflanzen, die auch Kindern großartige Erfolgserlebnisse bescheren.

## WAS
### BRAUCHE ICH?

- Akarizide gegen Spinnmilben
- Ölhaltige Spritzmittel gegen Schildläuse oder Spiritus-Schmierseifen-Lösung (20 ml Spiritus und 20 ml Schmierseife auf 1 l Wasser)
- Schwamm oder alte Zahnbürste zum Entfernen leerer Schildlausdeckel oder Wolllaus-Knäule

## WELCHE
### PROBLEME TRETEN AUF?

**Braune Blätter**

- Leider zeigen Palmen zeitverzögert an, wenn ihnen etwas fehlt, z. B. Wasser; die jüngsten Blätter, die aus dem Palmenherz (Stammzentrum) sprießen sollten keine braunen Ränder, Spitzen oder Flecken zeigen.
- Dass ältere Wedel gelb werden, ist normal, da sie den jungen weichen.

**Gespinste**

- Völlig harmlos sind dicht gewebte, weiße Gespinste. Es sind die Kinderstuben von Spinnen, die Ihnen bei der Schädlingsbekämpfung sogar helfen.
- Sind die Jungspinnen geschlüpft, können Sie die Gespinste, falls sie stören, abstreifen.

### KOSMOS
# SOFORTHELFER

Im Vorfeld ist es bei begrenztem Platz besser, eine von Natur aus schlanke Palmenart wie die Hanfpalme auszuwählen. Bei Petticoatpalmen ist es möglich, gegenüberliegende Wedel mit einer Schnur zusammenzubinden, damit sie senkrechter stehen. Bei Dattelpalmen scheidet eine Erziehung aus: Ihre starren Blattstiele brechen zu leicht.

### Schädlinge

- Schädlinge siedeln sich bei Palmen in 90 % der Fälle auf den Blattunterseiten an auf der Oberseite äußern sie sich in Flecken; im Winter bei trockener Heizungsluft oder im Sommer bei Trockenheit und Hitze sind Spinnmilben häufig.
- Da sie sich explosionsartig vermehren. Abhilfe: Sofort Akarizide anwenden.

### Schild-/Wollläuse

- Schild- und Wollläuse aller Art bleiben oft lange unbemerkt, da sie unter den Wedeln, eng auf den Blattstielen oder im Fasergeflecht der Stämme sitzen. Vorbeugend: Häufig kontrollieren.
- Auf den großen Blattflächen kann man viele Kolonien mechanisch mit einem rauen Schwamm beseitigen; danach mit Spiritus-Schmierseifen-Lösung sprühen.

## Hanfpalme
*(Trachycarpus fortunei)*

**Besonderheiten**
• Schlanker, einstämmiger Wuchs
• Verträgt leichten Dauerfrost

**Vorlieben**
• Akzeptiert volle Sonne ebenso wie Schatten.
• Im Winter frostfrei bis +10 °C

**Probleme**
• In Töpfen wird nicht die maximale Winterhärte erreicht; ab -8/-10 °C in Gebäuden überwintern.

## Zwergpalme
*(Chamaerops humilis)*

**Besonderheiten**
• Verteilt Zuwachs auf mehrere Stämme, dadurch langsamer Höhengewinn.

**Vorlieben**
• Verträgt volle Sonne und Hitze, wenn eine konstante Bodenfeuchte gegeben ist.
• Im Winter -5 bis +10 °C

**Probleme**
• Ist das Stammende ständig nass (Regen, Überbrausen), fault das Palmenherz.

## Dattelpalme
*(Phoenix)*

**Besonderheiten**
• Robuster Klassiker mit mächtigem Stamm im Alter

**Vorlieben**
• Sonnig, gern heiß
• Winter +5 bis +20 °C

**Probleme**
• Wurzeln schieben die Ballen aus den Töpfen empor: jährlich umtopfen
• Hoher Platzbedarf sommers wie winters, da ausladende, lange Wedel, die nicht zusammengebunden werden sollten (Bruchgefahr!).

## Petticoatpalme
*(Washingtonia)*

**Besonderheiten**
- Riesige, fächerförmige, wenig eingeschnittene Wedel (Fächerpalme)
- Dickstämmig

**Vorlieben**
- Nicht zu windig stellen, damit die Wedel nicht stark einreißen.
- Winter +15 bis +18°C

**Probleme**
- Braucht sehr viel Wasser und sehr viel Dünger; Düngermangel senkt die Anzahl der Wedel.

## Palmfarn
*(Cycas revoluta)*

**Besonderheiten**
- Keine echte Palme
- Anspruchslos.
- Tannengrüne Blätter

**Vorlieben**
- Lieber schattig als sonnig aufstellen, volle Sonne möglich
- Winter +10 bis +15°C

**Probleme**
- Beim Ausräumen Mitte Mai langsam an Einstrahlung gewöhnen.
- Auf Wollläuse (Blattunterseiten) achten.

## Palmlilie
*(Yucca rostrata)*

**Besonderheiten**
- Erinnert mit Blattschöpfen an Palmen.
- Braucht sehr wenig Pflege.
- Extrem langsam wachsend
- Gerät nie aus der Form.

**Vorlieben**
- Vollsonnig und regengeschützt
- Im Winter trocken halten.
- Winter -10 bis +10°

**Probleme**
- Nässe führt zu Fäulnis: nur 2–3 Mal pro Monat gießen; Nässe von oben ausschließen

# SERVICE

**Bezugsquellen für Kübelpflanzen**
Flora Toskana
Schillerstr. 25
89278 Nersingen OT Straß
www.flora-toskana.de

Flora Mediterranea
Königsgütler 5
84072 Au/Hallertau
www.flora-mediterranea.de

**Amtliche Pflanzenschutzberatung**
www.pflanzenschutzdienst.de

Sachsen
Sächsische Landesanstalt für Landwirt-
schaft, FB Integrierter Pflanzenschutz,
Referat 63
Alttrachau 7
01139 Dresden
Tel.: 0351/85 30 40

Berlin
Pflanzenschutzamt Berlin
Mohriner Allee 137
12347 Berlin
Tel.: 030/70 00 06-0

Brandenburg
Landesamt für Verbraucherschutz,
Landwirtschaft und Flurneuordnung
Pflanzenschutzdienst
Ringstr. 1010
15226 Frankfurt (Oder)-Markendorf
Tel.: 0335/52 76 22
ww.lmur.brandenburg.de

Mecklenburg-Vorpommern
Landespflanzenschutzamt
Graf-Lippe-Str. 1
18059 Rostock
Tel.: 0381/4 91 23-31 & -33
www@lps.mvnet.de

Hamburg
Institut für Angewandte Botanik
Pflanzenschutzamt Hamburg
Ohnhorststraße 18
22609 Hamburg
Tel.: 040/4 28 16-556
www.pflanzenschutzamt-hamburg.de

Schleswig-Holstein
Pflanzenschutzamt
Westring 383
24118 Kiel
Tel.: 0431/8 80 13 02
www.pfs.alr-kiel.landsh.de

Bremen
Senator für Umweltschutz und Stadt-
entwicklung, Pflanzenschutzdienst
Große Weidestr. 4–16
(Postanschrift: Hanseatenhof 5)
28195 Bremen
Tel.: 0421/3 61 25 75

Niedersachsen
Landwirtschaftskammer Weser-Ems
Pflanzenschutzamt
Sedanstraße 4
26121 Oldenburg
Tel.: 0441/8 01-0
www.lwk-we.de

Landwirtschaftskammer Hannover
– Pflanzenschutzamt –
Wunstorfer Landstraße 9
30453 Hannover
www.lwk-we.de

Hessen
Regierungspräsidium Gießen
Pflanzenschutzdienst Hessen
Schanzenfeldstr. 8
35578 Wetzlar
www.rp-giessen.de

Sachsen-Anhalt
Landespflanzenschutzamt
Lerchenwuhne 125
39128 Magdeburg
Tel.: 0391/25 69-450

Nordrhein-Westfalen
Pflanzenschutzdienst der Landwirtschaftskammer Nordrhein-Westfalen
Siebengebirgsstraße 200
53229 Bonn
Tel.: 0208/4 34-2101
www.lwk.nrw.de

Rheinland-Pfalz
Dienstleistungszentrum für den
ländlichen Raum (DLR) Rheinhessen-Nahe-
Hunsrück
Rüdesheimer Str. 60–68
55545 Bad Kreuznach
www.dlr.rlp.de

Saarland
Landwirtschaftskammer für das Saarland
– Pflanzenschutzamt –
Dillinger Str. 67
66822 Lebach
Tel.: 06 81/6 65 05-0
www.lwk-saarland.de

Baden-Württemberg
Landesanstalt für Pflanzenschutz
Reinsburgstr. 107
70197 Stuttgart
Tel.: 0711/66 42-400
www.lfp.bwl.de

Bayern
Bayerische Landesanstalt für
Landwirtschaft
Institut für Pflanzenschutz
Lange Point 10
85354 Freising
www.lfl.bayern.de

Staatliche Fachschule für Agrarwirtschaft
Veitshöchheim
Bayrische Gartenakademie
An der Steige 15
97209 Veitshöchheim
Tel.: 0931/98 01-0

Thüringen
Thüringer Landesanstalt für Landwirtschaft
Sachgebiet Pflanzenschutz
Kühnhäuser Str. 101
99189 Erfurt-Kühnhausen
Tel.: 0362 01/817-0
www.tll.de

# REGISTER

# www.flora-toskana.de

*Ihre Versandgärtnerei für Kübel- und Wintergartenpflanzen,*
*über 600 Pflanzenarten aus aller Welt,*
*60 Sorten Zitruspflanzen, über 30 mediterrane Fruchtpflanzen*

# IMPRESSUM

mit 218 Fotos von gartenfoto.eu/Martin Staffler, Stuttgart (133) sowie Gartenschatz (14): 28 li, 36 li, 37 re, 44 Mi, 45 li, 60 li, 60 Mi, 61 re, 104 li, 104 re, 105 li, 114 li, 114 Mi, 122 li
Flora Press Agency Hamburg: /Biosphoto (1): 86 re. /Botanical Images (3): 6 li, 50 li, 54. /Flower Photos (1): 55 li. /GAP (12): 7 re, 18 re, 19, 53 li, 53 re, 60 re, 87 Mi, 104 Mi, 105 re, 115 Mi, 123 Mi, 123 re. /The Garden Collection (5): 6 re, 57 re, 61 Mi, 105 Mi, 110 li. /Thomas Lohrer (2): 34 re, 35 li. /Helga Noack (1): 113 li. /Visions (7): 7 li, 52 Mi, 65 li, 87 re, 101 re, 114 re, 122 re
Tanja Ratsch/Flora Toskana (26): 5, 28 Mi, 28 re, 29 li, 29 re, 36 Mi, 36 re, 37 li, 37 Mi, 44 li, 44 re, 45 Mi, 52 li, 61 li, 76/77 alle 6, 86 li, 86 Mi, 87 li, 115 li, 122 Mi, 123 li
Roland Spohn, Engen (1): 115 re
Friedrich Strauß, Au/Hallertau (12): 3 Mitte/links, 26 li, 29 Mi, 34 li, 45 re, 53 re, 96, 98 li, 100, 101 li, 102 re, 112 li

Umschlaggestaltung von Gramisci Editorialdesign, München unter Verwendung von zwei Fotos von gartenfoto.eu/Martin Staffler

mit 218 Fotos

Alle Angaben in diesem Buch sind sorgfältig geprüft und geben den neuesten Wissensstand bei der Veröffentlichung wieder. Da sich das Wissen aber laufend in rascher Folge weiterentwickelt und vergrößert, muss jeder Anwender prüfen, ob die Angaben nicht durch neuere Erkenntnisse überholt sind. Dazu muss er zum Beispiel Beipackzettel zu Dünge-, Pflanzenschutz- bzw. Pflanzenpflegemitteln lesen und genau befolgen sowie Gebrauchsanweisungen und Gesetze beachten.

Unser gesamtes lieferbares Programm und viele weitere Informationen zu unseren Büchern, Spielen, Experimentierkästen, DVDs, Autoren und Aktivitäten finden Sie unter kosmos.de

Gedruckt auf chlorfrei gebleichtem Papier

© 2012, Franckh-Kosmos Verlags-GmbH & Co. KG, Stuttgart
Alle Rechte vorbehalten
ISBN 978-3-440-13157-2
Projektleitung, Redaktion und Bildredaktion: Kullmann & Partner GbR
Konzeptionelle Entwicklung: Kullmann & Partner GbR, Marc Strittmatter
Gestaltungskonzept: Gramisci Editorialdesign, München
Gestaltung und Satz: Kristijan Matic/Kullmann & Partner GbR, Stuttgart
Produktion: Jürgen Bischoff
Printed in Slovakia / Imprimé en Slovaquie

## DIE AKTEURE

### DIE AUTORIN

Dipl.-Ing. Tanja Ratsch (Landschaftsarchitektur und -ökologie) betreibt gemeinsam mit Ihrem Mann seit 14 Jahren eine Kübelpflanzen-Versandgärtnerei (www.flora-toskana.de). Als ausgebildete Redakteurin hat sie bereits über ein Dutzend Gartenbücher verfasst und schreibt monatlich für renommierte Gartenzeitschriften. In ihre Publikationen fließt das Wissen im praktischen Umgang mit den Kübelpflanzen ebenso hinein wie die die täglichen Fragen der Kunden.

### DER FOTOGRAF

Martin Staffler hat an der Fachhochschule Osnabrück Landschaftsarchitektur studiert und anschließend ein Volontariat in der Redaktion von MEIN SCHÖNER GARTEN absolviert. Seitdem arbeitet er selbstständig als Garten- und Pflanzenfotograf sowie als Gartenjournalist. Martin Staffler hat die Step-Fotos für diesen Ratgeber fotografiert. Er lebt mit seiner Familie in Stuttgart.